Unterwegs ins Offene

Erste Gedichte aus einem neuen Jahrtausend

Axel Kutsch und Anton G. Leitner (Hrsg.)

LANDPRESSE

Unterwegs ins Offene

Erste Gedichte aus einem neuen Jahrtausend

herausgegeben von Axel Kutsch und Anton G. Leitner

LANDPRESSE

Lyrik
im Verlag Landpresse, Weilerswist

2000

Herstellung: Druckerei Handpresse, Weilerswist

Verlag Landpresse
Kölner Straße 58
53919 Weilerswist,
Telephon: 0 22 54 / 33 47
Telefax 0 22 54 / 16 02

ISBN 3-930137-96-8

38.- DM

Auftakt

Mit der Aufforderung „Komm! ins Offene, Freund!" leitete Friedrich Hölderlin sein Gedicht „Der Gang aufs Land (An Landauer)" ein und schrieb einige Zeilen weiter: „... fast will / Mir es scheinen, es sei, als in der bleiernen Zeit". 200 Jahre später sind auch wir unterwegs ins Offene – ins Offene eines neuen Jahrtausends, das, wenn man so will, gerade begonnen hat. Bleierne Zeiten gab es mehr als genug in den vergangenen Jahrhunderten, und so verwundert es kaum, daß wir uns nicht nur erwartungsvoll, sondern auch mit Skepsis und Pessimismus auf die Datumsgrenze 2000 zubewegt haben.

In unserer schönen neuen Welt, die von Globalisierung, Vernetzung, Quotenabhängigkeit und Fusionen mit Rückgriffen auf den Manchester-Kapitalismus bestimmt wird, droht eine zunehmende Nivellierung des Individuellen. Wir glauben, daß die Poesie als persönlichste literarische Ausdrucksform einen Gegenpol zur weiteren mentalen Versteppung bilden und geistige Orientierung vermitteln kann. Gerade die lyriktypische Wort- und Textkompression, die *Verdichtung*, erweist sich als Passepartout im Zeitalter der Digitalisierung, des mobilen Zugriffs auf weltweit vernetzte Datenbanken. Sie wird uns die Codierungen der Nachrichten- und Informationskanäle, der Bild-, Ton- und Filmarchive sprachlich erschließen und gedanklich strukturieren helfen.

Unterwegs ins Offene des dritten Jahrtausends sind wir in dieser Anthologie mit neuen Gedichten deutschsprachiger Autoren. Ende 1999 baten wir rund 70 Lyriker aller Altersgruppen und relevanter Schreibweisen darum, uns das erste Gedicht, das sie nach der Zeitenwende verfassen werden, möglichst mit einer Entstehungsgeschichte für eine Buchveröffentlichung zuzusenden. 53 schickten uns schließlich ihre ersten 2000er-Gedichte, die meisten von ihnen auch Begleittexte. Andere Autoren teilten uns mit, daß sie in den ersten

Monaten des neuen Jahrtausends noch keine Verse geschrieben hätten. Wenn Gedichte laut Gottfried Benn auch „gemacht“ werden, so lassen sie sich doch nicht erzwingen.

Der Sammelband *Unterwegs ins Offene* ist ein erstes Spiegelbild deutschsprachiger Lyrik zu Beginn des neuen Jahrtausends. Das Spektrum der Stimmen reicht von der eigenwilligen Sprachartistik Oskar Pastiors, der vielschichtigen, assoziationsreichen Poesie Friederike Mayröckers und von tendenziell hermetischen Texten bis hin zu Gedichten, die der klassischen Moderne verpflichtet sind, sowie den humoristisch-satirischen Versen Robert Gernhardts und der Spontaneität des Slam-Poeten Bastian Böttcher. Politycki sei Dank werden wir mit unserem editorischen Ansinnen auch ein wenig auf die Schippe genommen: „Wie wär's mit 'nem bißchen Gedicht?“ Oder darf's etwas mehr sein?

Wie vorhin erläutert, enthält diese Anthologie wesentlich mehr als ein „bißchen Gedicht“. Die besondere Faszination besteht in der Verbindung der Gedichte mit ihren Entstehungsgeschichten, die fast alle Autoren den lyrischen Texten hinzugefügt haben. Ob poetologisches Statement, persönliche Erinnerung oder Werkstattnotiz – es ist allemal spannend, von den Verfassern zu erfahren, wie und warum ihre ersten Gedichte im Jahr 2000 entstanden sind.

Bei der Struktur des Buches haben wir bewußt auf eine strenge Einteilung nach Themenkomplexen verzichtet, da eine derartig starre Gliederung problematisch erscheint. Vielmehr haben wir uns für einen fließenden Aufbau entschieden. Wenn auch keine Schubladen mit Etiketten wie „Übergänge“, „Natur“, „Kindheit“ oder „Tod und Untergang“ aufgezogen werden, so kristallisieren sich doch immer wieder Textfelder mit inhaltlichen oder stilistischen Gemeinsamkeiten heraus. Bei der Rechtschreibung haben wir uns – Reform hin, Reform her – nach den Manuskriptvorlagen gerichtet. Die Begleittexte sind nur dort mit Überschriften versehen worden, wo die Autoren dies gewünscht haben.

Was aber ist mit dem neuen Jahrtausend? Hat es noch gar nicht angefangen? „Ich kann es mir freilich nicht verkneifen, auf den ohnehin schon fast zu Tode gerittenen Sachverhalt hinzuweisen, daß das neue Jahrtausend beim besten Willen nun einmal erst nächstes

Jahr beginnt", schreibt Erwin Einzinger. Ja doch, wenn man die Rechenscheibe bemüht, ist da etwas dran. Aber tausend Jahre lang stand vorne eine Eins. Vor kurzem wurde sie nun mit unüberhörbarem Getöse von einer Zwei abgelöst, die sich noch eine Weile halten wird. Daß also zumindest das Jahr 2000 begonnen hat, kann auch der penibelste Mathematiker nicht widerlegen. Und schließlich: Fordert eine dreifach gerundete Zahl nicht einfach dazu heraus, vom Beginn eines neuen Jahrtausends zu sprechen? Wir tun's – ohne Getöse, dafür mit Poesie.

Axel Kutsch/Anton G. Leitner
Weilerswist, im Frühjahr 2000

KURT DRAWERT

Just now, 99 am Ende

Die elektronischen Tage verbrennen jetzt besser,
was früher einmal Geschichte genannt war
und am Ende herumlag als gefrorener Auswurf
von Hunden. Vorbei die Entsorgungsprobleme,

die Entlassungszwänge, die Überstunden
der Müllabfuhr. Jetzt wird das alles ganz anders
geregelt, indem gar nicht mehr vorkommt,
was Schmutz macht. Ein Klick zum nächsten

Internet-Nachbarn, dann ein paar Links
Richtung Körper, und alles bleibt sauber
und unangetastet in der kritischen Zone
zwischen Hüfte und Knie. Wenn das Lenin wüßte,

so viel Fortschrittsmasse im allgemeinen.
Auch er so etwas wie Restbestand,
nicht leicht in den Comic zu kriegen,
reaktionär auf der ganzen gescheiterten Linie.

Aber nun Schluß damit, diese Kindheit
im weinenden Auge Gottes ist ja doch überlebt
fast ohne Schaden, meinerseits abgehangen,
wie geräucherte Schweineärsche.

Doch andererseits, die Kriege sind ernster geworden,
härter, vor den Sparkassenschaltern,
das muß ich sagen. Ein Blick auf den Kontoauszug,
und ich weiß, ich lebe kopfunter. Dann die Briefe,

die schon zu riechen beginnen, von den Fußnoten
aufwärts und wenig virtuell, leider.
Da gibt es noch Arbeit unter den Oberflächen
der Fingernägel, rein rechnerisch betrachtet

Bedarf im Bedarfsfall. Erstaunlich ohnehin,
wie schnell die Stufe der Notdurft erreicht ist
und jemand, bis eben ein Wittgensteinleser
leidenschaftshalber, nur noch eines im Sinn hat:

die passende Wand für sein Wasser zu finden,
wenn möglich beschriftet. Auch das sind Probleme,
so kurz vor der Selbstabschaffung. Allerdings,
nicht die Leere ist das Verhängnis, sondern

daß die Dinge kein Ereignis mehr sind,
ein Spaß ohne Ende, aber nirgendwo Glück.
Da waren die Revolutionen der Liebe
abwechslungsreicher, just now, 99 am Ende.

(Kommentar:

... und 2000 am Anfang.)

Kerstin Hensel

Der unmittelbare Anlaß zu diesem Gedicht war die Tatsache, daß ich – mit Freunden auf dem Lande den Jahreswechsel verbringend – den frisch gekauften Silvesterkarpfen schlachten mußte. Man erinnerte sich, daß ich einmal chirurgische Schwester gewesen bin. Ich tötete das Tier mit einem Schlag zwischen die Augen, schlitzte es afterlings auf, nahm es aus und schnitt es in drei Teile. Die Stücke, obwohl jeder Empfindung beraubt, zappelten noch, als ich sie ins kochende Wasser legte.

Dieses Erlebnis hätte eine (er)schlagende Metapher hergeben können, brachte mich aber in der Konsequenz auf den Gedanken, den Jesus-Geburtsmythos mit der von Alteigentümern besetzten Mecklenburger Landschaft zu verbinden, und in die Versgelenke den Jahrhundert, bzw. -tausendschritt zum Stolperer umzuschreiben. Daß ich die Wiegen der selbsternannten Welterretter durch ihre eigenen Fanale hochgehen lasse, ist nur folgerichtig. Lustige Aussichten eben.

Aussicht

Die Klöster sind wieder im Kommen.
In den Seen
Rauscht das Schilf digitale Not.
Den Stanzweg laufen wir quer und kreuz, ein Ziel
Haben ist aus der Mode, und in der Luzerne
Hockt der Junker von Qualzow.

Nur im Haus hinterm Wald
Will das Jahrhundert den Schritt
Nicht
        Wechseln. Je-
    mand
Knallt durch: eine Hausfrau vielleicht ein Bauer
Schlägt dem Karpfen
Den Blick trüb.

Nachts fallen Sterne ins Stroh
Der Krippen
Und sorgen für Spaß.

Friedrich Mülder

Intermezzo

Mit dem Mac hielt ich an jenem Abend einige aktuelle Gedanken fest. Um zwölf das Feuerwerk. Es wurde wieder still. Die Pyromanen hatten ihr Pulver verschossen. Nun rumorte es vor der Haustür. Kuck. Nachbarn, Bekannte, Luftschlangen, Konfetti. „Prosit Neujahr!" und: „Glückliches 2000" – „Kommt rein! Sekt? Saft?" Der Ortswechsel ernüchterte. Erstes Pepita fürs neue Jahr. „Schilaufen werde ich, Langlauf, schon nächste Woche", sagte eine Frau. „Wieder mit der Mutter?" „Nein, die kann das nicht mehr. Mein Mann kommt mit." – „Ich denke, der kann gar nicht ...?" „Kann ich auch nicht", sagte der Mann, „während sie läuft, will ich lesen, und immer ist sie ja nicht auf den Brettern." – „Sie wollen Ihre Frau allein laufen lassen?" – „Langlauf ist einfach! Sie werden es lernen!" – „Nein", sagte er, „schon als junger Mann ging's nicht. Ich kann mich auf den Dingern einfach nicht halten." – „So ungeschickt wirken Sie gar nicht!" – Alle begannen, ihn zu überreden. Seine eigene Frau fiel ein ins Geschnatter. „Da hast du's, so sehen andere das!" Der Mann schaute hilflos in den Tumult. Stand auf, nickte verkniffen, ging hinaus. „Laßt ihn laufen", sagte die Frau. Die anderen schwiegen plötzlich und blickten sich betreten an. Da lief auch die Frau. Die anderen gingen. Mir war die elegische Grundierung des Anfangs verdorben, bitter floß der Text nach dem Intermezzo zu Ende.

Kleines Blinken

Das zweite t von ‚jetzt' stupse
ich aus dem Futurum, aber jot steht
und e und te und zet und jetz-t
schon das ganze Wort
in der Vergangenheit hinter dem
blinkenden Cursor, der das Nicht-Mehr
und das Noch-Nicht signalisiert,

letzte Zeile im alten Jahrtausend.
Das kleine Blinken
zwischen den geschriebenen und
den ungeschriebenen Wörtern ist
meine Gegenwart. Lichtkaskaden.
Feuerwerk. Dunkel.

Schon stehen erste Sätze in der
rechten Null von zweitausend,
ohne Zäsur tempus präsens weiter,
von Wort zu Satz zu Ort tiefer
in die neue Zahl.
Der Absturz ist jederzeit möglich.
Kurzschlüsse werden weiterhin
zuverlässig registriert.

Felix Philipp Ingold

Das erste Gedicht dieses Jahrs entstand am ersten Tag dieses Jahrtausends. Vorangegangen war eine lange Silvesternacht im Atelier eines Malerfreunds auf dem Land. – Das halbe Dorf drängte sich in dem hohen engen Raum, dessen Oberlichtfenster unter der Last des alten vereisten Schnees leis knackten, als tickte eine Zeitbombe dort. Die Tische, den Wänden entlang aufgestellt, bogen sich unter Brot- und Käselaiben, der Wein wurde aus einer grossen blauen Plastikzisterne in Kartonbecher und Frühstückstassen abgezapft. – Alte französische Schallplatten mit Chansons aus den sechziger Jahren lieferten die scheppernde musikalische Umrahmung. Die Dorfschönen, eng umschlungen, tanzten dazu, die Männer, bald schon besoffen, gröhlten, der Dorfbriefträger fuchtelte unentwegt mit seiner neuen Kamera herum und schoss seine Blitze durch den schwach erleuchteten Raum, der vom zischenden Tischfeuerwerk so dicht mit Rauch und Schwefelgeruch verhangen war, dass seine Konturen sich aufzulösen, er selbst nach allen Seiten sich zu öffnen schien. – Vermutlich war der verzweifelte Wille zum Fest, vielleicht auch bloss die frohe Erwartung der Jahrhundertkatastrophe der Grund dafür, dass man Mitternacht und damit den Epochenwechsel versäumte. Erst als alles – folglich nichts – bereits vorüber war, machte jemand darauf aufmerksam, und rasch las dann der Gemeindeschreiber ein paar Sätze zur Feier des Millenniums von der Rückseite eines gebrauchten Briefumschlags. – Worauf ein längeres Schweigen folgte. – Man war offensichtlich enttäuscht über das Ausbleiben des Weltuntergangs. Es gab kein Erdbeben, keinen Orkan, keinen Knall, kein Sirenengeheul, nicht einmal die Elektrizität war ausgefallen; nichts. – *Non, je ne regrette rien*, krächzte zum wievielten Mal die Piaf. – Das Fest war aus, der Rest – bloß noch Besäufnis. Kein Trost. Und allmählich das Grauen des Morgens; des neuen Jahrtausends. – Im Schnee, da und dort hinterm Atelier, ein grosser gefrorener Pissfleck. – Wohin mit uns? Ob das die Frage ist. Und aber keine Frage, wohin das Gedicht führt. In die Ernüchterung ewig.

Wohin

(für I. F.)

Fasst jeder Grund
den Überfluss. Ob im Quadrat schön rund
ein Kreis
mit Flügeln ist. Wie Engel. Und im Eis
glimmt schwarz
ein verlorener Fäustling. Oder gart's
Erinnerung falsch.
Zeit vielleicht
das Ruderblatt
zu beizen. Solang im grossen Lachen matt
die Körperwärme gähnt.
Sich sehnt.

1. Januar 2000

Ulrich Johannes Beil

Lieber Anton, meine Bemerkungen zu diesem Gedicht, dem ersten und (noch) einzigen im neuen Jahrtausend, nehmen fast automatisch die Form eines Briefes an – und das mag erstaunen, da uns die Gedichte und *Das Gedicht,* unsere gemeinsame Zeitschrift, meist anders kommunizieren ließen, nämlich mündlich.

Wie Du ja weißt, lebe ich seit Anfang Februar in den Tropen, nicht mehr nur, wie bislang, in denen der Literatur, sondern auch ganz konkret in jenen wohl oder allzu wohl temperierten, die Lévi-Strauss „tristes" genannt hat. Wenn ich durch die Balkontür meiner neuen Wohnung, in der ich mit einer Luftmatratze kampiere, nach draußen schaue, fällt mein Blick auf Palmenfächer, in denen ein warmer Wind wühlt, auf die fettglänzenden Baumriesen des Schlangeninstituts Butantã und schließlich auf das bizarr-konstruktivistische Gebirge der Skyline von São Paulo.

Mein Gedicht und sein an Edward Young erinnernder Titel stehen in engstem Zusammenhang mit diesem Aufbruch nach Brasilien. Noch nie habe ich ein Gedicht unter solchen Bedingungen zu Papier gebracht: einige Verse zehntausend Meter über dem Atlantik, andere in ohrenbetäubend dröhnenden Bussen, wieder andere in den elektrisierenden Nächten einer 20-Millionen-Megalopolis, in der das neue Jahrtausend längst begonnen hat. Noch nie war eines meiner Gedichte so sehr Wegzehrung, Ariadnefaden, Seil über dem Abgrund zwischen Kulturen und Kontinenten. Die Nacht allerdings, der sich der Rahmen der „Night Thoughts" verdankt, hat bereits kurz nach der Zeitenwende in Deutschland stattgefunden. Und diese Nacht, in der mein Gehirn wie eine Bombe tickte, diente dann als eine Art apotropäischer Schutz, um das Gedicht nicht insgesamt detonieren zu lassen; als Folie, auf der das, was auseinanderdriftete, ja, die Drift selbst einzutragen möglich war.

Zwar läßt das Gedicht, in dem diese hellwache, Hildesheimersche Nacht zugleich wiederkehrt und verschwindet, keinen Zweifel daran, daß es die Apokalypse für ein erledigtes Thema hält – das Jahr 2000 findet ja, wie Jean Baudrillard unkte, gar nicht statt –, es vermag sich aber deren dualer Bildlichkeit nicht völlig zu entziehen.

In ihrem Dazwischensein, in ihrer geradezu kosmischen Zeitlosigkeit, ihrer verdächtigen Ruhe zeigte sich diese Nacht – als Gedicht – empfänglich auch für andere Wahrnehmungen, die davor oder danach aufgeschrieben wurden. Die Nacht, deren Seismographie ich wie in Trance nachgezeichnet hatte, entpuppte sich so, je mehr ich mich von ihr entfernte, als ein Nicht-Ort an der Grenze zweier Zeit-Räume, und das Gedicht als „rite de passage". Von daher handelt es sich nicht nur um einen Übergang in jenem metaphorischen Sinne, in dem man von „Jahrhundertwende" spricht, es handelt sich auch und vor allem um eine Bruchstelle, ein nicht recht faßbares „Zwischen-den-Jahren" in meiner eigenen Biographie.
Es grüßt Dich und Axel sehr herzlich und in der Hoffnung auf einen halbwegs passablen schriftlichen oder elektronischen Ersatz für unsere Gespräche – Dein Ulrich

Night Thoughts

Ich liege aufgeschlagen da
vor dieser Nacht, ein Kardiogramm,
irgendwo im Weltall.

Das, was so viele Jahre zur Verfügung stand,
einzeln in die Hand zu nehmen
und zu prüfen, ob es in der Fremde
notwendig sein wird oder nicht:
Dies kommt morgen auf mich zu,
auch wenn es gestern vielleicht schon
zu spät war.

Sich auf einmal entscheiden zu müssen
zwischen dem Bildschirm dieses Höllenofens
aus einem eisernen Jahrhundert,
in dem das Feuer flattert, die Materie verzehrt –
und dem anderen daneben,
dessen Esse Klick für Klick
die möglichen Welten, die besser
als die beste scheinen, offenbart …

Sie grenzen aneinander
wie die Flügel eines Diptychons.
Aber die Apokalypse ist (gottseidank)
längst vorbei, hängt frisch restauriert
in Pinakotheken.

Noch einmal gibt es sie, diese Dinge:
im winzigsten, von mir selbst verursachten Geräusch.
Sie lauschen und mahnen uns,
daß ihr Dasein Stille ist
und daß auch das, was sich kaum merklich rührt,
dazugehört: das Schnarren eines Propellerflugzeugs,
das seine Einsamkeit fortträgt,
gleichförmig, blind – und die Distanzen
spürbar macht, die Krümmung des Erdballs.

Bin ich schon drüben oder noch hier?
Mein Schädel tickt wie eine Bombe.
Baumelnd darunter die Zündschnur, der Körper.
Wartet eine knallharte Story auf mich,
sofern ich sie überlebt haben werde –
oder schießt alles in diesem Bankkristall zusammen,
der Palmen und Wachhäuschen spiegelt
und mich seine smaragdenen Strophen
in tropischer Hitze hochgleiten läßt
wie in einem Aquarium?

Das Abschiednehmen mißlingt, denke ich,
wie immer. So nachdrücklich man sich auch
die Hände schüttelt: letztlich
wirkt es unanständig wie altzuwerden
oder zigmal „Ulla, Ulla" zu rufen,
während die Angesprochene taub, wie betäubt
die Treppe hinuntertrottet zur U-Bahn.

Der Wecker starrt mich an
mit dem Glimmen einer Katze.
Ich will nicht wissen, wie spät es schon ist
in der ungeheueren Klarheit dieser Nacht,
der Transparenz des Unsichtbaren,
in der man die Anwesenheit
noch des Entferntesten ahnt,
nackt, schlaflos.

Peter Engel

Ein Zettel von 1987

Als ich Anfang des Jahres beim Zusammenstellen einer Gedichtauswahl aus 30 Jahren auch meine Texte über griechische Motive wieder vornahm, fiel mir ein „Schmierzettel" von einer Reise nach Santorin in die Hand. Ich wohnte im Sommer 1987 im Hauptort im Gewühl der engen Gassen, konnte in den überheißen Nächten kaum schlafen und war morgens fast wie betäubt. So fuhr ich einmal zu den Inselchen inmitten des Kratersees hinaus, die durch Vulkanismus entstanden sind, aber seit langem keine aktiven Zeichen davon mehr erkennen lassen – trotzdem wird damit geworben. Es war alles ziemlich touristisch aufgebauscht und schön eigentlich nur der mittägliche Aufenthalt in dem kleinen Fischerort auf Thirasia. Da hielt ich halb träumerisch ein paar Beobachtungen fest, bei denen sich ganz ferne Dinge mit allzu nahen auf merkwürdige Weise mischten, die Zeit still stand und im gleichen Augenblick schwand. Davon versucht der jetzt entstandene und in fünfter Fassung vorliegende Text, nach einer Ruhezeit von 13 Jahren, eine Ahnung zu geben.

Rückwärts voraus

Völlig rätselhaft,
wie ein Gedicht entsteht
aus den Notizen
vom Hafen auf Thirasia,
hingeschmiert auf einen
kaum lesbaren Zettel.

Ich als Betrachter am
schattigen Tisch der Taverne:
Es ist immer Flunkerei dabei,
so schreibe ich damals,
und der active volcano
entpuppt sich als ebenso tot
wie seine beiden Brüder,
nur das Wasser der Bucht
ist an einer Stelle heißer,
füge ich heute hinzu.

Hier die Worte vom
traurigen griechischen Mädchen,
das sein Taschentuch eintaucht
und sich die Schläfen kühlt,
während ein kleiner Junge,
von einem Steinwurf getroffen
(aber er hatte vorher selber geworfen),
sich greinend entfernt.

Und ich sehe jetzt immer noch,
wie er sich ab und an umblickt,
weil er die Welt nicht versteht,
und so schaue auch ich
rückwärts voraus
in diese aufgehobenen Sätze,
aus denen dabei ein Text
für das neue Jahrtausend entsteht.

Kurt Marti

Wieso hat gerade dieses Erinnerungs- und Gedichtmotiv mich während der Jahreswende verfolgt und in den ersten Tagen des neuen Jahres seine – vorläufige oder endgültige? – Sprachgestalt gefunden? Ich weiß es nicht. Plötzlich waren die alten Männer vor dem Kafeneion, jahrelang vergessen, wieder da, vielleicht weil ich nun ja ebenfalls ein alter Mann bin, der die Geschäftigkeit Anderer und Jüngerer interessiert, wenn oft auch verwundert und etwas ratlos beobachtet. Ob das ägäische Himmels- und Meereslicht meiner Erinnerung die alten Männer vielleicht verklärt? Mag sein, ist mir jedoch egal. Ich halte diese Alten für weise und habe versucht, ihrer weisen Bescheidenheit sprachlich, syntaktisch und rhythmisch annähernd gerecht zu werden.

die alten männer

sitzen tag für tag
vor dem kafeneion und schauen
– zigarette zwischen den lippen –
gelassen dem markttreiben zu:
die alten männer

sitzen im schatten den vormittags
das blaubleiche haus wirft
schauen unter verwetzten hüten und mützen
ruhig der schönen unruhe zu
während die sonne noch höher steigt

immer die gleichen alten männer
vor immer dem gleichen kafeneion:
sitzen bis mittags
der schatten weicht
die räumung des marktes beginnt

Dieter M. Gräf

SIMON RODIA GEHT WEG AUS WATTS, das war 1955, er schenkte die WATTS TOWERS, die er in mehr als dreißig Jahren ohne jegliche Helfer mit seinen Händen gebaut hat, einem Nachbarn, lebte noch zehn Jahre, in der Nähe von Verwandten, aber sah seine Türme nie wieder, all ihre Muschelschalen, Kachelteile, Flaschenscherben, sein kinderbuntes Knochenwerk. Er, der kaum lesen und schreiben konnte und der nach all den Jahren immer noch einen starken italienischen Akzent hatte und jedem Journalisten eine andere Story erzählte, hatte nach seinem Maß ein Kunstwerk geschaffen, immer wieder bekletternd, erweiternd, das nunmehr zu den markantesten Gebäuden von Los Angeles zählt, in South Central, einer Gegend, in die Reisende ansonsten kaum geraten. 1965 gingen von Watts Rassenunruhen aus. Meine Arbeit machte es möglich, daß ich im letzten Sommer drei Monate in – vereinfacht gesagt – Los Angeles leben konnte, die Fahrt nach Watts schob ich auf, weil sie mir heikel zu sein schien, aber gegen Ende meines Aufenthaltes machte ich sie, nicht in ein Elendsviertel, wie ich annahm, sondern in eine kargere Gegend. Ich hatte einen doppelt ungünstigen Zeitpunkt erwischt. Zum einen gab es umfangreiche Restaurationsarbeiten, die für längere Zeit aus dem Gelände eine Baustelle machten, zum anderen war an diesem Wochentag das kleine Museum geschlossen, so daß mir nicht mehr blieb als, wie auch den Mitgliedern eines schwarzen Motorradclubs, die für ihre Zeitschrift unterwegs schienen, an der Umzäunung entlangzulaufen: ein paar Notizen entstanden, die ich aber nicht übertrug.

Ich war also dort, und doch nicht dort. Wenn ich einen solchen Ort aufsuche, dann in der Hoffnung, ihn als auratischen erfahren zu können. Dann entsteht eine Berührtheit, eine Fülle, ein Zufallen von Sprache. Das ist im Grunde der schönste Teil meiner Arbeit: Orte zu suchen, an denen ich angekommen bin. Dies war hier nicht der Fall, und ich stellte das Gedicht hintenan. Nun ist Winter, und in der Jahreszeit schaue ich öfter, was liegengeblieben ist in den turbulenteren Wochen. So entstehen mitunter kleinere Gedichte, aus einer eher ungünstigen, eher mageren Konstellation heraus, die

nach meiner Erfahrung aber nicht unwichtig sind, um die anderen abzurunden, einzufassen, zu begleiten, und gelegentlich steigt so ein kleineres Gedicht dann in meinem Ansehen und überrascht mich hierin.
Ich wollte es versuchen, mit Simon Rodia und seinen WATTS TOWERS, aber meine Wahrnehmungen und das, was ich in meinen Stadtbüchern nachschlagen konnte, war zu wenig. Ich fand hier in einer Kunstbuchhandlung einen amerikanischen Band, glücklicherweise kaufte ich ihn, obgleich ich nicht sehr zuversichtlich war, daß mir da noch ein Gedicht gelingen mag, und man bekommt das ja auch nicht geschenkt, so einen importierten Bildband, der sich dann, von Bud und Arloa Paquin Goldstone bei Thames and Hudson vorgelegt, als vorzüglich herausgestellt hat. Ich exzerpierte, und heute machte ich mich an den künstlerischen Teil der Arbeit. Ein etwas zu früh gekommener Anruf hatte mich aus dem Schlaf gerissen, ohne künstlerisches Projekt hätte ich mich anders verhalten, aber so legte ich mich nach einem ersten Arbeitsversuch noch einmal hin, um die bestmögliche Frische zu erreichen, und beim zweiten Anlauf kam ich dann gut voran. Das ist also mein erstes Gedicht im neuen Jahr –, vielleicht auch eines meiner letzten, das ich mit der Reiseschreibmaschine schrieb, die ich als Kind geschenkt bekam, und vielleicht trägt es auch ein klein wenig dazu bei, daß jemand auf diesen seltsamen Mann aufmerksam wird, der schier all seine Kräfte dafür gab, dieses wuchernde Monument zu schaffen. Mehr war da nicht. Mit Menschen konnte er nicht sonderlich viel anfangen. All seine Phantasie, seine Liebe, seine Fürsorge steckte er in dieses organische Bauen. Er ist jetzt 35 Jahre tot, und dennoch ist er durch seine Arbeit in einer gewissen Weise am Leben.

Köln, 17. Januar 2000

Simon Rodia geht weg aus Watts

seine
erbetonierte Vergrößerung,
der Türme Knochenbau,

all das Zerbrochene
belassen geheilt;

wie er wächst,

ins 7-Up-Grün,
im ertrunkenen Amber.

Franz Hodjak

Ein Versuch, die Null zu erklären

Bei diesem Gedicht ist es etwas anders, obwohl, im Grunde ist es das gleiche Elend. Bei jedem Gedicht habe ich den Eindruck, es schon geschrieben zu haben, und dann setzt die Enttäuschung ein, daß ich vergessen hatte, es aufzuschreiben. Dies ist der Punkt, an dem die Erinnerung zu schreiben beginnt. Das lyrische Ich ist gleich bereit, Reizwörter einzuschieben, wie etwa Verzweiflung, Sprachlosigkeit, Einsamkeit. Und in jedem ordentlichen Gedicht muß auch der Tod vorkommen, wie bei jeder seriösen Taufe, oder zumindest so etwas wie Endstimmung. Also bin ich zuerst am Streichen. Es ist dann ein Du, das verkündet, es wolle die Grammatik umschreiben, an erster Stelle müsse das Du stehen und nicht das Ich. So schreibe ich ein Gedicht über den Geschlechtsverkehr. Niemand wird es glauben, ich selbst nicht. Daran muß ich mich auch noch gewöhnen. Aber da alle, die ich anrufe, mir versichern, es gehe ihnen wunderbar, bleibt mir nichts anderes übrig, als das Gedicht vom Ende hin zum Anfang zu schreiben. Wu, wu, anderbar. Wort für Wort schreibe ich mich von hinten nach vorn, und da ich merke, daß die Verständnislosigkeit wächst, rette ich mich in die letzten vier Zeilen, die, vom graphischen Schriftbild des Gedichts aus gesehen, die ersten sind. So in etwa stelle ich mir vor, daß dies Gedicht entstanden ist, wie es wirklich entstanden ist, will ich nicht weiter zu erklären versuchen, weil ich es selbst nicht weiß. Und weshalb dann diese Null? Weil sie bloß aus Rändern besteht.

Plus minus Null

Nun, da dem so ist, muß ich es verändern.
Was? Heimreise, dies Unwort. Das Abenteuer, die
Diktatur zu überleben, ist wie ein Schlendern
durch ein fremdes Leben. Nix Konjunktur. Stell
ich mir etwas vor, kann ich damit nicht leben, doch
ohne es auch nicht mehr. Geliebte, addier mich
dazu, am besten zur Enttäuschung auf Platz
sieben. Mit dem Fuß knipse ich die Apostel an
mit reinen Westen. Die Karte mit Hundertwasser und
herzlichem Gruß. Die Illusion, das Ich stünde
im Mittelpunkt, ist eine vergebene Chance. Man
fährt nach Amsterdam, um etwas zu erleben, das
nicht schmerzt. Der Platz, wo das Gedächtnis ver
schwindet, ist immer groß. Millenium hin, Millenium
her. Die Massen. Ihr elitäres Getue. Die Funktion
von Gebärden. Man kann, wenn man will, vor dem
Orgasmus viel sehn. Die filmenden Japaner. Vielleicht
doch Zsst und Tebel. Oder Noklab ist wesser. Vor
dem Glück im Himmel, kommt das Glück auf Erden. In
sofern man sich da nicht heraushalten kann, ist
der Unterschied erheblich. Schwarz ist der Rabe,
schwarz die Sonne. Die Promis, denen wir nun zuju
beln, sitzen nicht mehr im Politbüro. Dein Geschlecht
ist so nocken, daß ich daran verurste. Meine Freunde
in Thüringen oder Sachsen leben in einem anderen
Land, nur, sie sind nicht ausgewandert. Die Vereinigung
ja, am besten geschlechtlich. Dodu? Meinetwegen
dodu, aber nicht ganz. Diese Mülltonne, das Kabir, da
muß ich herauskrabbeln oder mich hinaushusten aus
dem Jock, aus dem Ba und Bix, dem Siktir, der Fusta,
zurück in den Klangkörper. Es ist ein Kampf, der so
grün ist wie lila, so quadratisch wie die Wahl, im
Dreii nur, doch getrennt. Wu, wu, anderbar.

ANDREAS ALTMANN

Nach einer Reise wieder auf einem vertrauten Weg, der etwas fremd wirkt. Eine Zeitung aus dem letzten Jahrhundert, vom Wind verstreut, schmiegt sich feucht mit ihren Blättern an den Boden. Eine der Überschriften, „Fast jeder Zweite hat ein Handy", nehme ich im Vorübergehen mit.

natur der worte

worte verlieren ihr gesicht.
ihre umrisse bewegen den mund.
der weg, auf den sie zurück
blicken, ist stumm.
worte versprechen leben
und überleben. schatten
geben keinen laut von sich,
wiegen schwerer
als ein stein, der sie trägt.
ohne worte gibt es kein schweigen.
ohne schweigen
hat der stein kein gesicht.
von den bäumen
gar nicht zu reden.

3. Januar 2000

Jürgen Nendza

Entstehungsgeschichte? Anlaß: Ein synästhetisches Sommerbild, das sich im Winter beim Betrachten meines kahlen Kirschbaums immer wieder einspielte, bis es als Lockvogel in der *Kopfvoliere* landete, dort bestimmte sinnliche Eindrücke, Reflexionen, Erinnerungen / erinnerte Empfindungen hervorrief, die in der Abstimmung zum Textgebäude allmählich ihre Grenzen miteinander verknüpften ...

SINGENDE KIRSCHEN

oder Tumulte der Stare in deiner Kopfvoliere,
durch die sich die Vogelschar fortrollt.

Ein in sich kreisendes schwarzes Loch,
saugend am Himmel, das plötzlich zerfliegt
über dem metallischen Fließband

Straße, deren Maße du trägst:
Kilometerstein, Konjunktion und Kreuzung. Dein Kopf
eingeschirrt
ins folgerichtige Denken: Ja

oder nein, dein Brutkasten,
die glühende Spirale der Heizsonne.
Das Einschalten, Ausschalten so einfach

und sterbenskalt jedesmal
die Klinke beim Öffnen der Tür.
Dahinter Tumulte, Schnee. Die Landschaft Wort

für Wort unterbrochen.

27. Januar 2000

Jürgen Becker

Das Gedicht erzählt, wie es war: die Suche nach einem Buch, das monatelang verschwunden schien, und dabei lag es die ganze Zeit in greifbarer Nähe. Die kleinen Rätsel des Alltags lösen sich eben meist von allein, und darüber muß man nicht lange nachdenken. Aber es bleibt doch eine Irritation. Da erfährt man die eigene Unaufmerksamkeit, die einen so oft die nächstliegenden Dinge nicht wahrnehmen läßt. Da spürt man das Unwirkliche, das Geisterhafte, das mehr als man weiß die Wirklichkeit unseres Alltags bestimmt. In der Regel achtet man nicht darauf, aber wenn dann plötzlich etwas passiert, das die Gewohnheiten, das Vertraute in Frage stellt, kommt einem die Wirklichkeit des Alltags wie eine Täuschung vor. Wie man damit umgeht? In diesem Fall ist ein Gedicht entstanden. Aber auch das Gedicht spricht davon, wie man die Irritationen des Alltags übersteht: man vergißt sie rasch, denn anders kommt man mit ihnen ja nicht zurande.

Um was ging es denn

Den Sommer über habe ich ein Buch gesucht. Jetzt
liegt es vor mir auf dem Tisch; es hat angefangen
zu schneien. Noch immer begreife ich nicht. Draußen
blühten und reiften die Kirschen, dann holten sie
die Vögel vom Baum, ich stellte das Haus
auf den Kopf, alle paar Wochen. Seit heute
ist das Buch wieder da; die ganze Zeit lag es

neben mir im Regal. Es war eine höllische Zeit.
Jeder Tag dehnte das Nichts aus, diesen Raum
des Verschwindens. Nachts schienen Stimmen
zu flüstern, die Stimmen des Buches
und seiner Botschaft, die ich den ganzen Sommer lang
brauchte. Um was es ging … es hat sich erledigt,
ich weiß es nicht mehr, und es schneit weiter.

Hans Eichhorn

Das vorliegende Gedicht ist am 6. Jänner 2000 entstanden. Es lag kein Vorsatz vor und es war doch vorsätzlich. Einerseits wollte ich anknüpfen und zwar an ein letztsommerliches Vorhaben, wo ich mir vorgenommen hatte, nicht an den Schreibtisch, sondern hinaus auf die Terrasse und ins Bootshaus zu gehen, um alle möglichen Sinneseindrücke hier am Attersee unmittelbar zur Verfügung zu haben, andererseits wollte ich das Neue, Andere. Was ist es geworden? Das Alte? Das Neue? Das neue Alte? Nichts dergleichen? Gar nichts? Ich weiß es nicht. Möge es das Gedicht beantworten. Möge es der Leser beantworten. Möge das Tröstliche des *ins Offene* sein, daß es immer und überall (Was? Wann? Wie? Wo?) erfahrbar, entdeckbar war und ist.

BLÄSSHUHNSCHREIE AUS DEM NEBEL,
Gelächter der Vögel im Fadenkreuz
über die schneeschmelzende Terrasse.

Leere Flaschen stehen als Abschußrampen,
der kalte Wind blättert die Seiten,
kappt die übergeworfene Decke,
rüttelt die Müdigkeit.

Sitzt da in der Erinnerung des Sommers,
läßt die braunen Erlenblättertrauben fliegen,
schüttest den Nebel übers Wasser,
türmst die Buchstaben zum unbehauenen Steinblock.

Daß da noch Schimmelgrün und Ziegelrot,
daß Fußstapfenschnee und Birnbaumzierat.
Noch wärmt die Schale hohle Hand,
noch schwingt die Möwe den lautlos spitzen Schnabel
und der Schreibstift bohrt im Heizkörperheiß.

Doch langsam zerfleddert die Kälte den Wintersitz.
Aufstehen, Hineingehen, Wind zusammenlegen,
Schnee in die Schubladen,
Bläßhuhnschreie aufhängen,
Dauer, die Frage des Mißlungenen.

Anja Utler

Dieser Text ist als ein eher zufälliges „Nebenprodukt" aus der Beschäftigung mit einem Gedicht von Boris Pasternak hervorgegangen. Aus der ursprünglich geplanten stil- und formgetreuen Nachdichtung des futuristischen Textes aus dem Jahr 1912 entstand eine Antwort aus dem neuen Jahrhundert, die mit dem Vorbild noch über die Thematik und das erste Wort verbunden bleibt: *Februar (Fevral')*.

februar und die schwärze
im mund auch der teich
hat das ufer erreicht stürzt
sein bild in den gaumen,
schlucken, der fisch ist nie
leichter zu greifen dir aus
dem schlamm zu reißen noch
schmeckt er nach frost nur
seine schuppen passen
dir ins getaute fleisch
nur sie: stemmen das licht

Franz Josef Czernin

Dieses Gedicht, das aus *elemente. sonette* stammt, aus einem Vorhaben, mit dem ich schon viele Jahre beschäftigt bin, beschliesst, wenigstens fürs erste, meine Befassung mit dem Element Luft. Die Arbeit an dem Gedicht wurde im Dezember 99 begonnen und Mitte Jänner 2000 beendet. Ob es mir weiterhin in so *mildem Licht* erscheinen wird, dass ich es in die endgültige Sammlung der vier Elemente aufnehmen werde, wird noch lange offen bleiben.

luft, sonett

wie mild erscheinen in dem licht, da zugesellen
einander vielgestaltig -stimmig; raum aus lüften
stets greifbar bleibt, doch zug um zug, weit vom erhellen
tief atem holen, schöpfen, eignem schwall zu stiften

umwölktes, sturm; wie dann hochschaukeln, -schnellen
uns überflügelnd, dicht vernebeln, fern abdriften,
stark angeweht, -gehimmelt, lauthals schlagen wellen,
da steigen, fallen lässt es weit uns luft verschifften.

wie hoch gehn wogen, sinken wolken, bis erhebend
dies wort, gehalten überall, uns selbst aufwiegen,
verduften hell-, doch zugehörig, selbst vorschwebend,

so sinn-, ja augenfällig; schön uns färben, fügen
einander anverwandelnd, ton in ton zielstrebend,
nein, bis ins blaue ausgehaucht, in letzten zügen.

Gerhard Falkner

Das vorliegende Gedicht ist das zweite aus dem Zyklus: Sprechwiesen, das in dem Band „Endogene Gedichte“ enthalten sein wird, der im Herbst diesen Jahres im DuMont Verlag erscheint.
Ende Dezember fuhr ich nach Budapest, um dort Silvester zu verbringen. In der Nacht meiner Ankunft, bevor ich die kleine und mir fremde Wohnung in Buda beziehen konnte, wurde im VIII. Bezirk mein Auto aufgebrochen und mein Gepäck gestohlen. In diesem Gepäck befanden sich auch Arbeitsbücher zu dem Gedichtband „Endogene Gedichte“. Die Arbeit der letzten ca. dreieinhalb Monate war damit verloren und jegliche Lebenslust mit ihr. Ohne Erfolg durchsuchte ich die folgenden Tage die Abfalltonnen, in denen solche Schriften ja folgerichtig hätten landen müssen.
Nach meiner Rückkehr fand ich in einem älteren Arbeitsbuch lediglich Bruchstücke der ersten beiden Zeilen: krasser Abend ... und die Schlußzeile: hellrot die Blitze. Da es sich bei diesem Zyklus (in der Absicht, jedenfalls) um stark evokative Textverknotungen handelte, die aus sich heraus und über optische Mittel in die Unleserlichkeit führen sollen, war eine Rekonstruktion aus narrativen Zusammenhängen nicht möglich.
Die ersten Tage im Januar versuchte ich mit allen Mitteln, auf die ich bisher vertrauen konnte, den assoziativen Anschluß an diese Arbeit wiederzufinden. Ich erinnerte mich nur, daß: „hellrot die Blitze“ die unbedingte Konsequenz der Bildlage im Text war, – aber alles dazwischen fehlte. Die Arbeit an dem gesamten Zyklus war damit blockiert. Nach etwa fünf oder sechs Tagen aussichtsloser Anamnese blieb eines Morgens mein Blick an einem Jagdmesser auf den Bücherregalen hängen. Immer wieder griffen die Augen auf das Messer zurück, bis endlich das Wort Wurfmesser mir durch den Kopf schoß. Als ich dieses fehlende Schlüsselwort gefunden hatte, konnte ich den Rest des Zyklus neu halluzinieren.

drama

krasser Abend
die Tiefen leuchten
Schritte über die
steinreich – gestaffelte
Hochebene
verebben im Richtgraben
grollend erhebt sich
die offene Wolke
dann schwirren wie Wurfmesser
hellrot die Blitze

destabilisiert

kr   asse   r ab   end
di   e tie fen leucht   en
schr   itte üb   er die
stei   nre ich – gesta ffelte
ho ch   eb   ene
vereb ben i   m ri cht gr aben
gro llend e   rhe bt si ch
d   ieo ffenew   olke
da   nn schw   irre   n wi   e wur   fm esser
hel lrot d   ie bl   itze

JOHANNES KÜHN

Als alter Mann im Winter des Jahres 2000 dachte ich an den kommenden Frühling, erwärmte mich für ihn, da es sich in ihm besser leben läßt, und schrieb dieses Gedicht. Es ist mein erster poetischer Versuch im neuen Jahrtausend.

Dem Frühling zu

Schnee zischt leis.
Ich kämme meinen grauen Scheitel,
frage in die Luft:
Was hab ich noch auf dieser Erd?

Ich erwart den freien Fichtenpfad
mit Krähngelärm,
den Fenstersitz
mit Frühlingsbildern,
den Himmelsblick
mit Wolkenfahrten,
frag, was es sei,
und lach!

Ich sammle mich.
Wo der Veilchen Blauaugen strahlen,
wo der Fliederstrauch
wie schimmernde Jungfrau wirkt,
werd ich gehn.

Ohne Ächzen,
ohne Groll geling mir
der Rundgang: Drüben,

über den Hügel,
wie auf gehobener Bühne
Hasengehoppel,
Rehgewog
im Saatgrün
wie brauner Laubtanz
bring mir heiteren Mut.
Jede Finsterlingsmiene
verbiet mir
mit hellem Handgewink,
glühender Tag,
tollend überall,
wie frisch zwischen Weiden
und Ufergebüschen.

Festminuten wähl ich zu Wanderungen.
Der Himmelfahrtskirche
sonntägliches Glockensingen
laß ich als Regen
gern über mich.

Gruß an den Berg,
Gruß zum Bürger, der mir begegnet,
und den ich kenn,
sind noch Erlebnis
im Vorübergehn
wie Flammenflug
im Blut.

Frühling, bring mir die Tage!

3. Januar 2000

Durs Grünbein

Verkommenes Dorf

Hier sind die Häuser schwerer als in der Hauptstadt.
Tiefer im Erdreich liegen die Keller. Von einer Toten
Fehlt bald jede Spur im Fall des Verdachts.
Die Post braucht länger über die Felder. Nachts

Klingt das Winseln der Hunde erbärmlich im Wind.
Ein totes Huhn auf der Leine erinnert an Streiche,
Für die ein Kind härter bestraft wird als in der Stadt.
Über dem Löschteich, ein Mückenschwarm, sind

Tagelang die Gerüchte zu hören, die frischen Zoten
Von Mord und Inzucht. Gegen den Vater der Braut
Wird niemand zeugen. Im Gasthof *Zum Himmelreich*
Sabbert der Volksmund „Versaut ist versaut ...".

Hugo Dittberner

Mit einer Entstehungsgeschichte kann ich nicht recht dienen. Ich dachte, das ist ja klar, als ich es abgetippt hatte; aber dann ist mir eigentlich nichts in Erinnerung geblieben, was nicht auch im Gedicht steht. Als die Einladung kam, hätte ich gern ein Gedicht über den Reif geschrieben, den ich in meiner Worpsweder Zeit im Januar so gemocht habe. Aber daraus wurde nichts in dieser Schnupfenzeit. Ich saß wohl da und überlegte, ob ich Salbe in meine Nase schmieren sollte. Und aus dieser Pause heraus schrieb ich dann eine Zeit lang dies Gedicht als erstes im Jahr 2000.

JANUAR MONAT
der Schleimabsonderung
-verhärtung Ich schrieb
von Motorrädern als ich
einsam war nur
einsam Damals
rief täglich der Freund an
Wir waren verrucht
Nannten ihn Wadenbeißer
Opernstimme Bettelmönch
mich wer weiß wie
Die Motorräder rumsten
vorbei ins Weite ihres Hall-
raums Ich saß
ähnlich wie heute
Vergaß den Schnupfen
des neuen Jahres.

Ulrike Draesner

Das erste Gedicht des Jahres 2000 ist Gedicht in einem Zyklus. Der Zyklus heißt Winter 99/00. Das Gedicht trägt über die Zeit, aber nicht über die Schwelle. Es trägt etwas nicht über das Jahr hinweg, sondern läßt es gehen, weil es muß. Weil wir es sind, es uns nimmt. Was splittert, was kommt? Das Gedicht weiß nicht, was es sagt, denn es weiß, worum „es geht", fortgeht, um etwas gedreht. Licht geht durch Glas, aber hier? Was macht ich/man/etwas im Bad? Das Bad ist Fliese, Kachel, Fenster und Licht. Nackte Haut, ein Spalt. Exit, im Screen. In dem Wasser schwimmt. Das Gedicht ist ein Darüber/Darunter. Eine Schwelle, die nicht trägt, weil etwas hält und sich bricht. „Der/der im Wasser schwimmt". Das Bad ist eine Frucht aus Wasser, Glas, Haut und Licht. Einer, der keine Augen hat, ist der blind? Oder Glas, wie wir – kann man sagen: sind?

glaskammern sind
wir. stehen im
bad. funkeln
und sind. licht
bricht. die tür
schwingt. splittert
und steht. glas tut,
was es kann. im
screen schwimmt
eine erinnerung. nur
blind. ein krug,
die luft. und lagen
auf dem gesicht. etwas
zittert und fragt. wir
waren und sind.

Anna Real

Acknowledgements

Es ist Brauch, sich bei allen, die das Entstehen eines Textes ermöglicht haben, zu bedanken.
Den Weg ins Offene kann nur betreten, wer seinen Ausgangspunkt kennt, sonst bleibt die Wahl zwischen Flucht und Untergang. Zu diesem Fazit haben beigetragen:

Irische Laments: Wenn die Argumente zur Neige gehen und die Empörung nichts fruchtet, muß man der eigenen Machtlosigkeit ins Auge sehen und furchtlos trauern. Auch zu Lebzeiten.
Die Platanen auf der Ruhrallee, die so lange dem Regen standhalten.
D.'s niederländische Freundin: „... Kaas und Marmelad', das schmeckt mir sehr gut" und Sophia und Laura, die ihr mißtrauten.
Zwanzig Jahre: ... und segne, was Du uns *bescheret* hast. Amen! *„Es ist angerichtet!"* Zuerst nur eine Mahlzeit.
Ein Familienalbum.
... my suppers of starch and beef ... Anne Sexton.
Der Alte vom Berge und seine Assassinen.
Fitzcarraldo. Die Handlanger der Visionen Anderer nennt man Söhne.
St. Brictius, der eine Phiole mit dem Blut Christi in seine Wade einnähte, um sie vor seinen Verfolgern zu verbergen.
Souk Larb'a al Gharb, das Dorf, das nach seinem Markttag benannt ist, wenn sich herausstellt, was die Dinge wert sind.
Ma faim! Anne, Anne, fuis sur ton âne! Arthur Rimbaud und *Anne, Anne, flee on your donkey!* Anne Sexton. Der entscheidende Moment des Gedichts: Anne = John!
John, zu Wasser und zu Land, *working the night and wrestling with an angel.* J. L.
I., die nach fünfzig Jahren immer noch alle Häfen Südamerikas aufzählen kann.
Das Breslau meines Vaters und alle anderen unbetretbaren himmlischen Jerusalems.

... altogether elsewhere vast/herds of reindeer cross/miles and miles of golden moss/silently and very fast// Auden's Kommentar zum Untergang Roms. Eine nicht-physikalische Entfernung, darstellbar nur in Worten. Eine Landkarte von Maryland. Der historische Boden. Und in Queen Mary zu den Übervätern auch eine Übermutter.

Weder für die Reihenfolge ihres Auftretens noch für Allianzen und Konflikte hinter meinem Rücken kann ich die Verantwortung übernehmen, ebensowenig wie für die Kontaktversuche zwischen dem Alten vom Berge und Darth Vader.

Lament for the Living

(With Mercy for the Greedy. A. S.)

Kopf hoch am anderen Tisch,
schmeckt mir sehr gut
auf historischem Boden.
Mute soliloquy repeating:
Muttermund, Vaterland,
die ganze Mischpoke.
Dies ist der Löffel
und das ist die Suppe.
John, John, dinner is ready!

So gierig sie beten,
so schlagen sie
die Hand vor den Mund:
trauen der Bitte nicht
und nicht dem Bissen.

Ethisch unterscheidet sich
Deine Haltung nicht,
ob Du nach rechts oder links
auf die Teller schielst,
Schwarz umrandet der Blick,
wagt sich kaum aus den Augen.
John, John, you're searching
The wrong continent!

Irgendwo muß es doch existieren,
dieses atmosphärisch dichte Familienportrait,
bewegend erzählt
und beeindruckend bebildert:
Dies ist der Alte vom Berge,
this is the old captain,
der träumte von Barranquilla, Guayaquil,
brannte darauf, ein Schiff
über die Kordilleren zu ziehen.
Und später, landeinwärts, die Kinder,
das Messer ins Fleisch eingenäht,
am Rand eines Dorfes,
das Donnerstag hieß,
playing at house in the sand.

John, John, you're sinking fast!
Maryland's altogether elsewhere:
Vast fresco of a landfall.
This future biography is happening now,
the awful growing.
Water is flooding your gallery.
John, John, flee on your donkey!
John, John, it's raining under your tree!

Lutz Rathenow

Das erste Gedicht im neuen Jahrhundert sollte schnell geschehen. Ich wollte der erste Dichter im neuen Jahrtausend sein, der dichtet. Am ersten Tag im neuen Jahr wollte ich feststellen, ob mein Schreibprogramm abgestürzt ist. War es nicht. Mir fiel kein Gedicht ein.
Hier die am 1.1.2000 abgespeicherten Sätze: Ich muß aufräumen. Schluß mit all den Zetteln, die ich nie wieder finde. Ich träume, sagt der Autor. Du träumst ständig, sagt der Dieb und stiehlt ihm sein letztes Gedicht.
Danke. Nun werde ich nie mehr Dieb sein müssen, sondern ein Schriftsteller.
Dafür würde ich meine Hand nicht ins Feuer legen, nicht mal einen Finger, höchstens das winzige, überflüssige Stück von einem wochenlang unbeschnittenen Fingernagel. Der Dieb hält inne: Also diese Sätze nehme ich auch noch mit.
Ich versuchte tagelang ein erstes Gedicht im neuen Jahrhundert zu schreiben. Ich war nicht wirklich wütend, aber ich schrieb eine Besprechung, einen Kommentar, Notizen zu Kurzgeschichten und Notizen zu weiteren Notizen. Am 16.1. gegen 2.00 Uhr kamen wir (Bettina und ich) vom 50. Geburtstag eines guten Freundes. Ich sah meinen Computer beim Vorbeigehen an und sprach zu ihm: „Ich schreibe kein erstes Gedicht in diesem Jahrhundert."
Am nächsten Morgen entstand es.

Im übrigen

Vor lauter Botschaften
die Flasche nicht sehen.
„Im übrigen ist das eine Beleidigung!"
Sagt der Postbeamte ganz ernst:
„Wir sind keine Flaschen-Post!"
Der Mann von der Werbeagentur lächelt
über seine Gedanken, Flaschen zu nutzen.
Unsichtbare Botschaften, keiner entflieht.
Zum Beispiel Gerüche lösen Erinnerungen
aus. Die richtige Mixtur: ein ganzes Leben
schnuppert sich herbei. Die letzten Geister
beharren auf ihrem Exil, träumt der Postler
und stempelt sich schneller durch den Tag.
Der Werbeheini schwimmt stolz im Strom
der Zeit, findet kein Ende für seinen Satz:
„Sein oder Online-Sein, das ist hier die ..."
„Frage!" ergänzt ein virtuelles Wesen, grüßt
glasklar: „Gestatten, mein Name ist Fisch!"

Ilma Rakusa

Dass Kassiererinnen Sängerinnen sein können und Sängerinnen Kassiererinnen, ist gut. Dass in einem modischen In-Lokal eine ganz unmodische Erscheinung ihren festen Platz hat, ist anrührend. Aber so weit habe ich gar nicht gedacht. Ich habe an jenem Januarabend nur geschaut. Das war genug. Und als das Bild nach Tagen immer inständiger wurde, habe ich mich hingesetzt und nach Worten gesucht. Vielleicht wird einmal eine Geschichte daraus.

Die Kassiererin

Es begann mit dem Profil.
Mit der gewölbten Stirn
und der Frisur von anno fünfzig.
Mit dem Matisse-roten Pullover,
mit dem schweigenden Blick
und den Händen einer Musikerin.
Was begann?
Sie sitzt da, in diesem wuselnden Lokal.
Eine Kassiererin.
Aber von wo.
Aber von dort, denk ich.
Karpatenland.
Der Pullover eine Bluse,
macht nichts. Der Film läuft
und ist vierzig Jahre alt.
Mit dem Matisse-roten Mädchen,
den Gästen von heute,
einer Luft zum Schneiden.

Mit Kellnern aus Buenos Aires vielleicht
und meiner Freundin aus Friedenau.
Mit Bildern und Tischen und überhaupt.
Und besoffenen Herren.
Mit mir in diesem Dekor.
Läuft. Aber sie: wie ein Still.
Reine Gelassenheit.
Ikone, fällt mir ein.
Und die tippenden Finger
fremd hier. Auf diesen Tasten.
Sie träumt zur Tür hin.
Sieht keine Quasten,
nur einen Luftzug ab und an.
So geht das.
Den ganzen Abend lang.
Still still das Gesicht
aus den hintern Karpaten.
Ohne Schminke und weiss
keiner, was innen rumort.
Matisse-rot die Bluse
so unverblümt von gestern.
So zaghaft korrekt. Und schön
frag ich:
Schwester, was tust du?
Ich singe.

Walter Helmut Fritz

Das Gedicht entstand nach einem längeren Gespräch mit einem Kollegen, der von schwierigen Jahren erzählte, von nicht erreichten Zielen, nicht verwirklichten Plänen und dem es nicht gelang, seine Niederlagen „hinter sich zu bringen", wie er sagte, sondern sie als stets gegenwärtig empfand.

Nichts

habe ich hinter mir, nichts.
Nichts habe ich überwunden, nichts.
So seine Antwort.
Er legte seine Finger gegeneinander.
Eine Turmspitze entstand daraus.
Sein Gesicht öffnete sich,
als sei niemand zugegen.
Entblößte Pupillen.

Lutz Seiler

Wir lagen vor Madagaskar

und hatten die Pest an Bord: War es nicht möglich, ungesehen ins Wasser zu springen und irgendwo an Land zu schwimmen oder zu rudern bei Nacht? Oder ging es den Matrosen vielleicht besser an Bord, als ihr Text vermuten ließ? Klang das Lied nicht beinah so, als hätte man gern *die Pest?* Und was war *die Pest?* Ich war elf oder zwölf Jahre alt und damit zu jung, um auf die Idee zu kommen, die Situation dieses Schiffes und seiner Besatzung auf meine eigene Lage zu beziehen. Seltsam, daß wir es am Ende trotzdem taten, auf unsere Weise.

Zunächst glaubte ich, daß die Dinge vor Madagaskar etwa denen der „Hispaniola" entsprachen. *Fünfzehn Mann auf des toten Manns Kiste, / jo-ho, jo-ho – und 'ne Buttel voll Rum!* Das war unser zweites Lieblingslied, das wir auf Ski-Expeditionen sangen mit heruntergezogenen Mützen vor dem Gesicht, die nach und nach vereisten von der in der Wolle gefrorenen Feuchtigkeit unseres Atems. Die Besatzung meiner Mittelgebirgs-Gang, die sich selbst *Silvers Bande* nannte, bestand aus: Thomas Schmalz, Jürgen Weinrich, Frank Pfannkuchen, Frank Herzog und Thomas Stöcklein – Nitzold war nicht dabei. Lauthals, im Rhythmus des *Toten Manns* umgingen wir die Bezirksstadt über die Berge Richtung Köstritz, Richtung Krossen. Am Ende spielten wir ein Spiel: halb ohnmächtig, taumelnd, schneeblind glaubten wir nicht, heimgekehrt zu sein, sondern niemals mehr heimkehren zu können. Unsere Wohnblöcke, Altneubauten, Wäscheplätze, unsere Klingelschilder und unsere Namen darauf: eine einzige Fata Morgana – denn tatsächlich waren wir doch draußen in der Schneewüste geblieben und fühlten unser Ende kommen. Ein seltsames Bild, wie wir abends dort standen mit halb zugekniffenen Augen vor den beleuchteten Türeingängen unserer Elternhäuser und uns Ohrfeigen gaben und uns zwickten in die Oberarme, bis sie blau waren. Aber niemand erwachte und niemand wollte wirklich: heimgekehrt sein.

wir lagen vor madagaskar und hatten

die welt
und das thema verfehlt: wir lagen
vor gera, vor krossen, wir übten
die wurzel, revolution von unten, nicht
bismarck, lenin, insekten
kamen herein, kleiner
als ihr geräusch: doch die hände
lehnten feucht und schwer vor uns
auf den ozean-bänken, halb

vergessen stak darunter
das gebet noch tiefer die
feld-etagen-büchse, aluminiumbrote
aus der vorzeit, darüber

kopien des raumes, kopien der luft: vier
polnische panzersoldaten und ein einfacher
hund, unbesiegbar in der angst und nachts
das ticken seiner hundefüsse
endlos, hündisch, unbesiegt ... was

die orte nicht verloren, hatten
sie alles verloren: dass
es dort gewesen war – der hackstock
im kopf, der klumpfuss, das heizhaus hinter
den rothaut-gehölzen, wo wir
die sklaven quälten, erst nitzold, dann
stöcklein, streng

nach *seewolf/3. teil;* wir hatten
die pest an bord und eine verlassenheit, die früh
6 uhr mit den sohlen zart besaitet draussen auf
den stufen stand und wartete; so gingen wir
morgens vor der zeit hinaus derart
überdacht im denken selbst

vergessen hinterm mond als angst
im tollkirschenbaum und als süsse verkappt
  in den blüten der nessel – war
der weg nicht geklammert an uns, die winkten
am rande des wegs? an die reste

von schrift, die restliche schwärze am tor, an
stöcklein in der hängematte, sein
  splitterndes stirn-
aufschlagen, luft-geräusche, im nebel, sagten sie
bei nebel kehrt die schwerkraft um?

stöcklein ist tot und nitzold
hat die wäschemangel. nur wir
  sehen noch immer
aus wie verboten, wir singen
wir springen das mitten im kehlkopf vergessene lied
und die brottaschen kreisen an ihren riemen
wie madagaskar-koyoten um unseren hals

Hansjörg Schertenleib

Den Fluss, es gibt ihn nicht:
Der Junge sass am zerklüfteten Rand einer Düne und starrte über den Strand bei Murvagh auf den Atlantik hinaus. Das hüfthohe Gras war im Umkreis mehrerer Meter niedergetrampelt, niedergekämpft. Hatte der Junge alleine gewütet, alleine den Indianertanz aufgeführt? Es dauerte eine Weile, bis ich die anderen Kinder entdeckte: sie hockten im Kreis zwischen den Bäumen, gute zweihundert Meter vom einsamen Späher entfernt. Sie sassen im Kreis und hielten Rat. Der Junge rührte sich nicht. Bloss seine Hand, sie schwebte über seinem eignen Hinterkopf. Der Junge besass jene Geduld, die mir immer gefehlt hat. Wartete er auf die anderen, auf ihren Beschluss, ihr Urteil? Oder warteten sie auf ihn? Ich ging weiter, bevor sich dies Rätsel löste ...
Den Fluss, es gibt ihn:
Ich sitze an seinem Ufer, mehr als dreissig Jahre ist es her, die Schnur meines Bogens ist zerrissen, der einzige Pfeil, den mir der Onkel geschnitzt hat, steckt im weichen Boden. Die Bäume bilden das Dach, das mich schützt. Freue ich mich auf das Leben, das vor mir liegt? Der Fluss glitzert, blinkt. Er führt ins Meer, das weiss ich natürlich. Das Wasser riecht nach feuchter Wolle, und die Fische sind aus Metall, genau wie der Himmel und mein harter Jungenrücken, ich.
Der Rest ist Schweigen.

Am Wasser

Im Knie des Flusses
sitzt er, Häuptling ohne Stamm.

Sein Kopfputz ist die eigne Hand,
gespreizt zum Rabenfedernstrauss.

Kronen stehen schwankend hinter ihm,
blenden all die anderen einfach aus.

Im Knie des Flusses
sitzt er, Häuptling ohne Stamm.

Sein Atem blättert ängstlich Tage um,
er schultert Wolken, Ozeane, sich.

Pfeile fahren zischend aus den Büschen,
schreiben auf den Eisenrücken ihm.

Sein Speer steckt in der Erdenhaut,
der Kopf liegt gut ihm in der Hand.

Raphael Urweider

Entstehungsgeschichten

Ein jahres-, jahrhundert- oder jahrtausendwechsel ist ein anlaß, sich zu vergegenwärtigen, was man sich vorgenommen hat, was man noch wollte. Ich, zum beispiel, hatte mir schon längere zeit vorgenommen, etwas theatralisches zu schreiben. Dazu braucht es, wie wir alle wissen, mindestens eine figur, die auftritt, vielleicht spricht, vielleicht von vergangenem. Daten bringen einen immer auch dazu, sich zurückzuerinnern. Ich wollte also einen text schreiben, in dem ein ich vorkommt, das sich zurückerinnert. Der text sollte mit „weiland" beginnen. Bei der suche nach „weiland" jedoch stieß ich auf „Weinbauer", und „Weinbauer" erinnerte mich, da dieser jahreswechsel ein rein christliches événement ist, an Noah. Dieser wählte bekanntlich diesen beruf, um seine postdiluviale depression loszuwerden.

Noch etwas: kondensmilch in tuben wird, jedenfalls dort, wo ich herkomme, von bergsteigern als kraftnahrung sehr geschätzt. In vielen kühlschränken findet sich oft mindestens eine dieser tuben. Wenn ich eine entdecke, sauge ich daran, bis mir übel wird.

Weinkalender

Seinerzeit diente ich bei einem weinbauern.
Wir hatten täglich viel arbeit.
Mir einem schnittmesser haben wir reben von den stöcken
geschnitten.
Mit einem schnitt. So.
Die kinder des weinbauern besuchten mich oft auf der arbeit.
Dann wurde es winter.
Im frühjahr wurde der weinbauer krank.
Aus sorge darob trank er seinen wein.
Dieser half ihm übers schlimmste hinweg.
Von der stadt her kamen immer zunftabgeordnete.
Je heißer es wurde.
Wir hatten täglich viel arbeit.
Mit hacken lockerten wir erde zwischen rebstöcken.
Von hand. So.
Jüngst sah ich den weinbauern in der stadt.
Die leute in den zunfthäusern hoben die hüte, sowie er
vorüberging.
Seine kinder kauften sich heimlich kondensmilch in tuben.
Seine frau erkrankte aus zorn darob.
Sie buk regelmäßig süßwaren für ihre kinder.
Der weinbauer erwarb bei den brauern etwas bier.
Er nickte frauenzimmern zu.
Auf dem nachhauseweg erbrachen die kinder süße milch.
Ich sah ihn nicht wieder.

4. Januar 2000

Gerhard Neumann

Am Anfang war die Vokabel, die dem Text den Titel liefert. Das Wort zielt in mehrere Richtungen.
Zurück sehen nach etwa einem halben Jahrhundert und zugleich die Befindlichkeit einer extremen Pattsituation.
Schiessen, wie es noch immer befohlen ist? Oder der Forderung nach Kapitulation nachkommen?
Mai 1945 in der vorübergehend deutschen, bald wieder tschechischen Kleinstadt Lom.
Jener, um den es geht, soll in einen irrsinnigen Endkampf getrieben werden.
Da kauert er denn, der noch nicht einmal siebzehnjährige Kanonier, fast noch ein Milchgesicht. Was tun?
Noch fällt keine Entscheidung. Dort die gegnerischen Truppen, hier die eigene Batterie.
Bild fügt sich zu Bild. Ein Frühjahr, das kaum Lindes an sich hat. Das sich dem Linden verweigert.
Es scheint keine Blüten zu geben. Mindestens keine, die zu pflücken wären.
Nur die Disteln bestehen, breiten sich aus, wuchern struppig, werden Samen werfen.
Erinnerung. Warum gerade diese? Und weswegen jetzt? In einer weiteren Zeitenwende?
Fragen, auf die das Gedicht „Rücksicht" Antwort zu geben versucht. Durch Annäherung.

Rücksicht

Die
Schnüre der Lederfassungen gezurrt,

um
nicht unter dem Helm zu ersticken.

Sein
Gewicht und jenes der Faust, auf Panzer

gerichtet: sie
knirschen über die Frühlingschaussee,

stoppen.
Weiss steigen Lappen aus wendenden Luken:

nichts
bleibt schlüssig vor Lom in Distelsaaten.

Jan Koneffke

Ich lernte Mirela Ivanova vor anderthalb Jahren in Sofia kennen. Eine junge Dichterin, klein, nervös, mit hellen Augen. Vom Ivan-Vasov-Nationaltheater schlenderten wir, am Dimitroff-Mausoleum und Zaren-Palais vorbei, zu einem Café im Freien. Ein Satz, den ich mir aus unserem Gespräch behalten habe, lautete: „Die bulgarische Welt hat etwas Graues. Dieses Grau wohnt in uns." Ich habe die Gedichte Mirela Ivanovas gelesen, die ins Deutsche gebracht sind. Zwei Zeilen haben sich mir besonders eingeprägt: „Nicht die Wahrheit als Zeugen benennen ... Sie liebt die Lebenden nicht." Ivanovas poetische Einsicht ist traurig – und sarkastisch. Mir erschloß sich aus diesen Versen zuerst ein großer Ernst. Zwischenzeitig kamen Nachrichten aus einer Gegend, die man summarisch als „Balkan" bezeichnet. Ich dachte an Mirela Ivanova und andere Freunde in Sofia. Und erst vor einer Woche begegnete ich in meinen Notizen einer Zeile, die ich in Sofia notiert hatte: „Besser als Grauen ist dieses Grau". Aus dem Satz entspann sich Vers um Vers. Poesie antwortet auf Poesie: eine Antwort an Mirela Ivanova.

Besser als Grauen ist dieses Grau

(an Mirela Ivanova)

Besser als Grauen ist dieses Grau
wenn Wolke sich mit Wolke mischt
Pulsschlag normal im Magen flau
Alptraum verwischt

besser im Sinn behalten Brot und Kinderbrille
als Killer die in Liften sterben
beim Sprengstoffanschlag Scheiben barsten Totenstille
und du entdecktest Fleisch vermengt mit Scherben

besser im Halbschlaf Wechselkurse kauen
als schlaflos bei Maschinenpistolenfeuer
und Menschen zahlen zu teuer
mit Menschenleben besser Grau als Grauen

im Wohnblock zwischen Mann und Maus
von Angstschweiß naß deine Matratze
was wahr ist halten Tote aus
wir nicht zu schmerzhaft seine Fratze

besser als Grauen ist dieses Grau
wenn Wolke sich mit Wolke fahl
vermischt Verse vergessen Tagtraum mau
Pulsschlag normal

Silke Andrea Schuemmer

Dieses Gedicht ist das vierzigste in einem Zyklus mit dem Titel „Stirnbilder – organische Portraits", an dem ich seit Oktober 1996 arbeite.

Die erste Idee bestand in einer Notiz vom 8. 12., Haare als „das Geraufte" zu bezeichnen. Davon ausgehend kam ich auf eine Wortreihe: Geraufte, Traufe, träufeln, triefen, Fäule, Fäulnis, räudig, ersäufen. Durch das Gedicht einer Bekannten, in dem es um die Haare eines schlafenden Liebhabers ging, entwickelte sich die Vorstellung einer haarigen Nacht. Das Bild, das daraus immer deutlicher hervortrat, war das eines Alptraums, der wie ein Inkubus auf dem schlafenden Körper sitzt und ihn in einer Art Wachschlaf quält.

Um diese Überlegungen herum schrieb ich eine halbe Seite voller Stichworte, teils frisch assoziierte, teils schon früher notierte. Diesen Zettel nahm ich mit in eine Vorlesung und fing dort an, die Worte zu montieren und auszuprobieren. In anderthalb Stunden entstanden drei aufeinander aufbauende, sehr unterschiedliche Fassungen. In der Vorlesung konnte ich natürlich nicht laut vor mich hinsprechen, dabei ist das das Wichtigste, damit der Klang und der Rhythmus stimmen, also mußte ich bis zuhause warten, um in den folgenden zwei Tagen immer wieder Zeilen und Begriffe auszutauschen.

Als letzten Schritt lege ich alle Gedichte in der Wohnung meiner Eltern auf die Treppe oder faxe sie meinem Freund. Dabei geht es weniger um die Resonanz, als um das Gefühl, daß der Text eine erste (räumliche) Distanz zu mir bekommt. Nach weiteren ein bis zwei Tagen des Schleifens ist der Text im besten Fall rund und summt. Fertig ist er allerdings nie, manchmal verändern sich Worte, Wendungen und Satzzeichen noch Jahre später.

Ich bin immer erleichtert, wenn ich das erste Gedicht in einem neuen Jahr hinter mir habe, weil ich dann weiß, daß es weitergeht.

Das Verwaiste wälzt sich auf den feisten Bauch,
zwängt schlucklos seinen Leib
den Hals des Schlafenden hinab,
wo Milch fließt, die, was abgeborn, ersäuft.

Haarig jagt sie die Schläfen entlang – schlaflos: die Nacht,
würgt das Alte hoch, das speiige Vergessne
wäscht den Glanz aus dem Pupillenring.
Die Haut darunter bindet rot. Hier sammelt sich der Sand
der später knirscht im Zahn.
Sohlen scharren, da reißt die Landschaft drunter weg.
Vor Fäule trieft der Räudige an Kopfes statt.
Das Geraufte schnürt die Brust, von da an
mahln die Knöchel Schlaf zu Staub.
Der weht hinaus und
wird hell

Kathrin Schmidt

Offen gesagt

Der Text entspringt einer frischen Grabstelle wie einem alten Beziehungsmuster. Ein tatsächlicher Tod will ihn beschleunigen, ein ungläubiges Mitsterben zögert ihn hinaus. Traurigkeit ist nicht sagbar. Was aus einem traurigen Gesicht spricht, scheint isoliert und stößt ab, wie es anzieht. Ein Schweben, auf das man sich einläßt, wenn die Angst in der Erfahrung ihren definierten Ort hat und nicht als verhängtes Möbel bedrohlich im Raum steht.
Den Wechsel der Jahre habe ich nicht bemerkt. Dieses scheint wie das letzte, ich finde sie beide zu schwer und bin froh, daß ich nicht noch beispielsweise tausend Jahre VOR und NACH dem magischen Datum mitdenken muß. Daß ich bei mir bin und nicht über mich hinausfühle im Moment und meine Möbel nicht mag. Ich meine das im wörtlichen wie übertragenen Sinne: Die Sohlen der Metaphern kleben im Lehm, in den ich ein Haus baute ...
Wie man den (selbstverursachten) Schrecken auch nennen mag, er hat nichts mit dem neuen Jahrtausend zu tun und ist ganz Natur, wie er ganz Soziales ist. Beides schwimmt synchron in der Trauer, was deren mitunter lächerlich wirkende Posen erklärt. Die Gelegenheit war einfach günstig für diesen Text, der ein Gelegenheitstext ist, aber bei der Gelegenheit nicht INS OFFENE zu führen scheint.

Von den Ästen getropft, im Schlafrausch

trudelt das laub. sanierte stirnfassaden
geben ihr bild ab: stummellicht,
das aus den augen zum see schwimmt.
dein mund bleibt blaß, eine wasseraffäre.
im schluckmuskelstreik stößt meine zunge
dein herz. wir tasten die chromosomen
beim gang in den mörser: zermürbtes erbe.
tiermehl, das aus den staubbeuteln flockt.
ich sehe den wörtern zu,
die als gesüßte fische
zwischen den zähnen zappeln.
mein klappmesser öffnet die schwimmblasen
deiner rede, die nun zum grund geht, langsam,
trudelnder schlafrausch,
aus dem laub getropft,
von den ästen.

FRIEDERIKE MAYRÖCKER

Wildgruber, auf Sylt. Vom Meerwind verweht. Oder, jeder ist in sich selbst verschreckt, usw.

was, innewohnt diesen grauen Händchen Tannenduft auf
Tischplatte :
Tapetentür, neben Schere, Briefmesser, Lyra,
Zeitungsausschnitten (Erik
Schmedes mit schmerzlichem Auge
mänadendurchbraustem Angesicht Morgen
Tatze des Aufbruchs Verzückung und *ridiküle* Halskrause
weiszlich plissiert
und Krepp Papier angestaubt über Bajazzo Anzug, Arme
angehoben Hände
an Schläfen und Ohren .. wie um zu lauschen Innen Musik ..
zum Schädel
tappend in Ekstase, der schwere Brustkorb die Bommel des
Kleides der rasende
Star also *Cherubim Chef* usw., angezündet von Wahn) –
du mit den lay-out-Feinheiten, du mit deinen lay-out-
Feinheiten und wie du
frostest im Strand Hospital AURORA tobenden Augs und
Herzens / wie die Meise
lehnte jenseits des Meeres /
gottlob ich höre die Hälfte nicht mehr von allem was da
geredet wird,
sagt er, nasser Zipfel Blume im Wasser. *Jetzt Benn.*, sagt er,
und :
spektakulär, sagt er, mit vertaubter Zunge, vertaubtem Ohr,
die frühen
Fuszspitzen ich meine die frühen die jungen die unreifen
Tage des neuen
Jahrs : vertaubt : vertüpfelt („WIE BAMBIS!")
1 Schnee und 1 Perlhuhn voll Schnee 1 Schnee und
1 Auerhahn voll Schnee

und in den *Patzen Schnee* sich breitend 1 GRÄTZEL HUHN
auf dem Grunde
des Meers
vertaubtes Auge vertropftes Ohr – mein Ohr noch am
folgenden Morgen
vertaubt vom gräszlichen Dröhnen der Wellen : big band,
und alle
gealtert unter Wasser gealtert die Jazzer, gealtert und
aufgeschwemmt :
devastiert usw., und kleine Malaisen (diese Bumi's und
Puschnig's und
Rüegg's – und als ich ihn fragte nach seiner Tochter und wie
alt sie sei,
und sagte mir : 5, 6, 7 Jahre, sehr zartes Mädchen,
Schneidezahn fehlt –
ach dieses Jahr begann mit Zahnverlust und dergleichen).
Mit kleinem Datum, an Fuszspitzen die Blumen Gerichte,
Matisse, während
ich schreibe an C. F. „vielleicht treibst mich da in
1 KUNST SCHÖNHEIT
hinein, irrst mich da hinein dasz ich wie hochhebe Arme in
Labyrinth
welches mich nie wieder loslassen entlassen wird .. denn
auf Schachtel
steht WUNDER, auf 1 anderen RUNDE KLEIDER, auf
1 dritten KANTATENFUTTER .."
Und auf dem ausgekühlten Küchenherd in Zeitungspapier
gewickelt (was
übrigblieb vom Essen) die Kohlsprossen (13) winzige
Menschenköpfe, nicht wahr.
„Hebräisch habe ich jetzt 1 Denkflut so müde sind meine
Augen glitzernd
den ganzen Flusz hinunter Waldstunde (Celan) : immer
wenn ich dich
schwelge: DAS DIAMANT GEBIRGE .."

2. Januar 2000

Manfred Peter Hein

Zeile nach Zeile, Strophe nach Strophe ohne Umstellung entstanden von Anfang Dezember 1999 bis Mitte Januar 2000. Karakallio – Kiez der Stadtkommune Espoo bei Helsinki, mein Wohnort seit mehr als dreißig Jahren – auf deutsch, wortwörtlich zerlegt: kara / trockener Ast, kallio / Fels; frei übersetzt: siehe Textmitte Zeile 9.

Karakallio 2000

Geisterbäumen rauhreifgelichtet der Blick
Ins Leere errichtet ihr Mal Spirale der Träume
Seinen Kehraus hat das Jahr das Jahrhundert

Geh und taste meerwärts Tag zu Tag
Wänden entlang Erinnerung Bettler sichtbar
Bettler am Weg sühnender Hände Beschwörung

Diese Gegend jede Gegend im Winter
Konkret Abstrakt Konkret Abstrakt Konkret
Geistergehölz am Fels / Karakallio

Ich frag meine Katze Herrscherin hier im Revier
Eingeflogen mit Bernsteinaugen Vineta
Abschiedsblick meerüberkommene Fracht

Was ging unter was liegt am Grund der See
Kubus Zeit im Irisschwarzen spricht
Bringt das Entsetzen den Abgrund Kälte herauf

Lichterinnern über den Rest der Tage

Anise Koltz

Vor mir, auf meinem Schreibtisch, steht eine kleine Weltkugel aus Kristall. Ich kann sie „durchschauen“: in allen Erdteilen herrschen Hunger, Armut, Ungerechtigkeit. Auch meine Gedichte trüben die Transparenz.

Wenn der Tod
mich durchzuckt
entreiss ich dem Habicht
seinen Schrei
und nehme ihn auf
in meine Sprache

_ _ _ _ _ _ _ _ _ _ _ _ _ _

Ich widersetze mich
einer neuen Geburt

In meinen Eingeweiden
quäkt noch die Stimme
meiner Mutter

Ich habe sie gestillt
bis in mein Verderben

Von Spiegel zu Spiegel
verrät sie
mein werdendes Gesicht

Erika Burkart

Nach einem ermüdenden sorgenschweren Tag anfangs Januar stellte sich nachts vor dem Einschlafen die erste Zeile des beiliegenden Gedichts ein, sie meldete sich sozusagen, und dies zur Unzeit. (Es hatte keinerlei Absicht bestanden, mich schriftlich zu äussern). Die Zeile, die im Schlaf nicht verlorenging, wurde am Morgen ergänzt zu einer ersten Fassung. Die Arbeit, wie sie heute vorliegt, hat im Lauf des Monats viele Änderungen erfahren, vor allem in stilistischer Hinsicht. Die sukzessiven Korrekturen sehe ich als stufenweise Annäherungen an das Thema, das klarzustellen Aufgabe der Sprache ist.

Die mannigfachen Verzweigungen der Assoziationen in die verschiedenen Lebensepochen und Erlebensschichten der Autorin können in diesem Rahmen nicht aufgezeichnet werden. Bezogen auf das beiliegende Gedicht meint Blendung die Augen-Blicke, da wir, momentweise, eingelassen werden in eine aussermenschliche, in die kosmische Zeit oder vielmehr Zeitlosigkeit.

In meiner Lyrik (50 Jahre) dürften sich sporadisch Gedichte finden, die sich, sowohl intern wie in praktischen Versuchen, um die Verwandlung (od. Umsetzung) der Zeit in Sprache bemühen. Langwierige Prozesse. Innerhalb der eigenen Produktion haben Gedichte ihre Vorgänger, was weniger auf „Wiederholung" als auf einen Grundstoff schliessen lässt, der Charakter, Chemie und Muster unserer Existenz bestimmt.

Blendung

Hungrig bin ich gekommen.

Meine Liebe, Erde,
habe ich dir gegeben,
dir fremd und nah
in den Wurzeln der Worte.

Eines Abends, auf dem Weg
zwischen Feldkreuz und Haus
der Einsturz. Annullierung der Jahre.
Eines Abends
bis du wieder das Kind,
gebannt von Strahlen
der tiefen Sonne.

Blendung. Anstelle
der Schneise deiner Zeit
die Sonne. Ein- und dieselbe
damals, heute,
Erstarrtes dazwischen, Verscharrtes,
über Gruben Gras, frostgebleicht.

Jeden Halm schärft
eine Schneide von Licht.
Höhenwald ädert die kahle Sonne.
Schon ist sie weg.
Hungrig bin ich gekommen
und durstig gegangen.
Anstelle der Sonne
die Vorzeitnacht.

Januar 2000

Günter Kunert

An Bruder Bleichenwang ist das erste meiner Gedichte dieses Jahrtausends, eine Art Bilanz des vorigen Jahrhunderts, natürlich in der mir unterstellten „pessimistischen" Sicht.

An Bruder Bleichenwang

Bitter unsres Jahrhunderts Geschichten
von Länderbränden und Weltuntergängen,
von Zukunftswahn, vom Menschenvernichten,
von Autoliebe und sonstigen Zwängen.

Unter dem Terror zahlloser Uhren
blüht maßlos die Lebenssimulation.
Da helfen nicht Einsicht und keine Kuren:
Wir sind uns doch selber zum Hohn.

Demütig lauschen wir jedem Narren,
der Predigt von einem besseren Morgen
und leben vom dumpfen Hoffen und Harren,
bis unser Fleisch die Zeiten entsorgen.

Ulla Hahn

Die Themen Liebe und Vergänglichkeit beschäftigen mich seit meinen ersten Gedichten. Das Gedicht wurde angeregt durch W. S. Merwin.

Jetzt

Als sie zu Ende ging in dieser Nacht die Welt
und wir die Explosionen hörten nicht weit weg
Lautsprecher über Feuersbrünste informierten
verseuchtes Wasser letzte Lebensmittel weggeschwemmt

als sie uns immer wieder warnten
im Haus zu bleiben ohne Laut zu geben
da standest du am offenen Fenster
im Zimmer hinten brannte eine Kerze

Wir zogen hohe Stiefel an bereit
wohin auch immer fortzugehen
Wir setzten uns an unseren kleinen Tisch
Du holtest einen Apfel aus der Hosentasche

und teiltest ihn in viele dünne Scheiben
die fütterten wir uns – zuerst mit unseren Fingern
und dann von Mund zu Mund bis auch der Apfel weg war
Wir standen auf und tanzten rundherum

langsam im Kreise ohne Lieder rundherum
Nach einer Weile fingen wir zu summen an
als diese Welt dabei war jetzt zu enden
all diese Jahre all diese Nächte auch.

Joachim Sartorius

Geringfügige Anmerkungen zur Entstehung dieses Gedichts:

Die ersten Bilder kamen mir in den frühen Morgenstunden des 1. Januar 2000. Ich wanderte durch meinen Kiez in Charlottenburg, watete knöcheltief durch Raketenhülsen und Sektflaschen, die als „Abschußrampen" für prasselnde Sterne gedient hatten. Ein Konglomerat von Stimmungen, vielleicht bezeichnend für einen, der 1946 geboren wurde, ein „Kriegskind" noch. Es geht um Diskrepanzen: die eigene Wichtigkeit und die Absurdität unsres Hierseins, die eigene Hinfälligkeit und die Paraphernalien, die das neue Jahrhundert bereit hält, die abgezündeten Freudenfeuer und die „abgestuckten" Fassaden (der Hauseigentümer bekam in Berlin nach dem Krieg eine Prämie, wenn er versehrte Fassadenornamente gänzlich beseitigte). Plötzlich fuhr ein Wind in die Straßen und räumte mit Verzauberung und Entzauberung auf, gab sich als das aus, was bleibt.

Weg ins Ende

Abgestuckte Fassaden, durchgetretene Entrées:
Berlin-Charlottenburg mit seinen Jahrhundert –
Posen am Ende: mit Pressform und High Touch
werden die Kriegskinder auf neue Zeiten getrimmt.

Werden tragen, was hebt, türkt, stretcht, stützt.
Doppelmoral als Wonderbra – Krayatiden.
Das Alter: nur Träume des Körpers noch.
Der Rest des Wegs: Stimmungen in Geiselhaft

unter hochverschrammter Kapuzen-Nacht.
Trommelnd buchstabiert sie das Schicksal,
hustet, macht die Kehle vom Marmorkuchen
frei: für jenen Durst, zu brechen, zu täuschen,

es einmal noch zu machen, ein Möglich
an die Millionen Möglich zu fügen. Im Museum
zeigt eine Rampe von 100 Metern die 13 –
Milliarden-Jahre-Geschichte des Universums.

Die Ära der Dinosaurier nimmt die letzten
drei schuppigen Meter ein, das Zeitalter
der Menschen hat die Breite eines Haars.
Wir schauen hinauf in prasselnde Sterne.

Zeiss heißt die Stimme des Kosmos. Wo all
das steht? In deinem Kopf. Ein Wind
aus Brandenburg schiebt den Schwefel fort.
Ein Wind, totenstill. Stiftet, was bleibt.

Erwin Einzinger

Danke für Ihre Einladung, an Ihrer Anthologie mitzuarbeiten. Ich kann es mir freilich nicht verkneifen, auf den ohnehin schon fast zu Tode gerittenen Sachverhalt hinzuweisen, daß das neue Jahrtausend beim besten Willen nun einmal erst nächstes Jahr beginnt ... Dennoch werden Ihnen wohl brav die Gedichte aus allen Richtungen entgegenflattern, und auch ich schicke eins mit dem Titel „Freundliche Fährten". Ich habe es vor wenigen Tagen geschrieben. (Bin im Moment eigentlich fast ausschließlich mit Prosa beschäftigt, obwohl ich in Bälde hoffentlich auch wieder Zeit für Gedichte haben werde ...). Es ist aus den Materialien für ursprünglich zwei verschiedene Gedichte zusammengebaut, die ich sozusagen übereinandergeschichtet habe. Mehr ist nicht zu sagen dazu, meine ich.

22. Jänner 2000

Freundliche Fährten

All die Abzweigungen, all das Getue!
So vieles schwappt indes zurück & nimmt dabei eine Menge
Von mit längst aufgeweichtem Zeug Vollge-
Sogenem mit, während ein handtellergroßes Nagetier sich
lautlos
Auf den Rücken legt, die Beinchen übereinanderschlägt
& dann lange in die Wolken starrt, welche den Umrissen
nach
Eventuell gerade eine Art leicht verwischten Graf

Bumsti zeigen, der dabei ist, sein Erinnerungs-
Material einigermaßen überzeugend auszubreiten: Im alten
Wächterhäuschen schläft ein Kater. Ein kaum merkliches
feines
Zittern läuft durch sein Fell. Dann spricht die gemalte
Sonnenblume: „Gebt mir noch eineinhalb Tage lang
ordentlich Zunder
& ich verspreche euch eine Welt, in der für einen neuen
Wilson
Pickett ebenso Platz ist wie für die so dringend benötigte

Kinderniere in einem Krankenhaus am Stadtrand von
Montevideo!"
Leider war es viel zu hell für den Film, in dem süd-
Amerikanische Gebirgskinder vorführen, wie sie sich ihre
hölzernen
Roller basteln & aus den Abfällen noch Brennholz machen
für die
Mütter – zu den Tönen einer selbstgebauten Fidel, aus der
sich ge-
Heimnisvoll kreisende Motive herauszaubern lassen.
(Der wahre Knüller aber hätten vermutlich auch hier
wieder die

Wie ganz zufällig vorbeitrottenden Tiere sein sollen ...)
Heiß kommt das Rosinenbrot aus dem Ofen, braun
& knusprig – sehr zur Freude der Ärztin, die in
Straßenkleidung
Um den niedrigen Lacktisch tanzt. Gibt's abends
Junge Hühnchen in Petroleum? – Von hier weg arbeiten die
Sekunden sozusagen ohne Netz & auch die Auf-
Merksamkeit für den schundigen Greenpeace-Kalender
kann nicht

Wirklich etwas daran ändern, daß jeder dieser Momente
Nur für ein kurzes Aufblitzen lang lebendig zu werden
vermag ...
Aus einer Nische grinst Madonna. Dann wird flink ein
Kasten Bier aus dem Keller geholt & in den Kofferraum
gewuchtet.
Der Fahrer räuspert sich, schluckt seine bunten Tabletten.
Es folgt eine Serie blöder Fragen, gestellt von einem
Mann, der angeblich aus Floridsdorf stammt &
triumphierend mit dem

Wattekäppchen winkt, bevor er von einem Hund erzählt,
der aus-
Sieht wie eine überdimensionale nackte Maus ... (Die Musik
stammt
Von Francesco Landini, obwohl sie klingt, als habe der
Gute damit in etwa einen Eindruck davon zu vermitteln
ver-
Sucht, wie es ist, wenn eine schläfrige Rhythmusgruppe
Für einen immer ungeduldiger werdenden Kardinal mit
silbernen
Löffeln auf mit alten Schnitzereien verzierte Holzkisten
schlägt.)

Ferdinand Schmatz

*

Was sich hier als erstes Gedicht 2000 ausgibt, ist ein nicht wirklich alter, aber, ich gestehe es, ein auch nicht ganz neuer Hut. Dieses Gedicht stellt eine leichte Überarbeitung des Einleitungstextes zum Architektentheater dar, das ich in Zusammenhang mit Wiener Architekten entwickelte und das im November 99 in Wien zur Aufführung kam. Genau ungenau wollte es diesen Entwicklungsvorgang hin zu einem Treffen von Architektur und Literatur andeuten, sanft aber bestimmt in eine oder mehrere Richtungen lenken, aber keineswegs vorwegnehmen.

prolog* für ein architekten-theater

was sich da einstimmt:
wort für wort –
zu zeigen: bild für bild –
als stückwerk werkstück werdend,
nimmt sich im Jetzt Nichts vor –
als tor zu sein ins haus
aus reden, zeichen – wilden, weichen auch,
so wie in jedem, der sich traut,
ein schaut und benennt, was baut im wort den ort,
was zeigt im bild nicht immer das,
was schild es ist und führt – als satz
kratzt es das drinnen mehr als draussen stein und teer
– am platz ist nicht die haut der saum
für alles was sich gibt als raum:
die leere etwa, und sie füllt zugleich,
verbindet fein und grob, das raunt sich ein,
geht über, voll hält es zurück, ernüchtert nie –
denn das, was es: so wie-so nicht sagen kann,
wird zeigen sich dann eben plan ganz ohne plan
im stück, das sucht sein glück
(lob auch) vor allem im gebrauch

Paul Wühr

„Venus im Pudel" war abgeschlossen und erscheint, wie gewünscht, im Frühjahrsprogramm des Jahres 2000. Ich war also ganz auf die Arbeit an meinem Großprojekt „Der wirre Zopf" konzentriert, als mich Ende letzten Jahres Hans Baschang anrief und mich um zwölf unveröffentlichte Gedichte für einen bibliophilen Band mit seinen Zeichnungen bat, der im Ralf Stieber Verlag in Karlsruhe erscheinen soll. Da ich ihn als Künstler wie als Menschen sehr schätze, versprach ich sie ihm, schob die Verpflichtung aber vor mir her ins neue Jahr. Hier das Ergebnis:

Und

sagt er wenn ich bedenke
wie abseits

vom Schmerz und noch
dazu sagt sie vom

Tod aber sagt er doch vor
allem in einem

wirklich sehr erfreulichen
Leben in einem

sagt sie meist erbaulichen
Staat Poesie

sagt er sich aufführt dann
sagt sie ist mir das

unheimlich weil sie sich
aber schon an gar

nichts hält und muß er
sagen wir

augenblicklich uns
nicht an sie

Gerhard Rühm

zuweilen, wenn ich nachts erwache, fallen mir spontan ein oder zwei zeilen ein, seltener, und dann meist im halbschlaf, ganze gedichte. so auch in diesem fall: die ersten beiden zeilen waren sofort da, den rest entwickelte ich daraus am schreibtisch – häufig haben ja schon anfangszeilen eine weitertreibende eigendynamik. jedenfalls ist das eine produktive weise, schlaflose phasen zu überbrücken. allerdings, um missverständnissen vorzubeugen, arbeite ich so nur ausnahmsweise.
als ich das fertige gedicht vor mir hatte, überlegte ich kurz, es dem „literarischen quartett" zu widmen, dessen mitglieder – wie übrigens viele literaturkritiker – dichtung nicht, wie es eigentlich selbstverständlich wäre, von der sprachbehandlung (wortklang, rhythmus, formfindung) her beurteilen, sondern primär nach inhaltlichen gesichtspunkten und nach massgabe psychologisch glaubwürdiger charakterdarstellung – einen routiniert flüssigen erzählstil freilich vorausgesetzt. was wären das, vergleichsweise, für kunstkritiker, die bei bildern bloss das sujet und nicht die malerei selbst in betracht zögen?
das vorliegende gedicht jedenfalls parodiert ein solches literaturverständnis.

Balladeske

ein narrativer ansatz

„rette sich wer kann!"
so fängt die strophe an.
da fliehen ross und reiter.
wie geht es nun weiter?

die szene zeigt sich leer,
keinen sieht man mehr.
so endet dieses lied,
weil nichts mehr geschieht.

Robert Gernhardt

Das beiliegende Gedicht ist das erste, das ich in diesem Jahr verfasst (und veröffentlicht) habe.
Es ist, wenn man so will, eine Auftragsarbeit. Als Florian Illies, Redakteur der für Berlin erdachten „Berliner Seiten“ der FAZ, erfuhr, ich würde für zehn Monate nach Berlin kommen, um als fellow am dortigen Wissenschaftskolleg zu weilen und den Posten des „poet in residence“ zu bekleiden, fragte er mich, ob ich nicht jeden Berliner Monat in einem Gedicht bilanzieren wolle, das dann auf besagten „Berliner Seiten“ Platz finden könnte.
Ich sagte zu, und seit Oktober liefere ich am Monatsende ein Berlin-Bilanz-Gedicht ab, wobei Formen und Inhalte von Monat zu Monat wechseln.

Das Januargedicht ist ein – ich wage diese Behauptung – klassisches Gelegenheitsgedicht; ich begann es an besagter Bar, legte mich dort auf die Struktur des kreuzgereimten Vierzeilers mit gleichlautender Anfangszeile fest und erlebte einen kleinen Moment des unschuldigsten Dichterglücks, als mich die Suche nach einem weiteren Reim auf „Austernbar“ mit dem Fund „Januar“ belohnte, also des Monats, den das Gedicht bilanzieren sollte –: Manchmal schenken die Götter den Musensöhnen nicht nur Anfangszeilen, sondern auch kleine Schmankerln zwischendurch.
Das Gedicht erschien am Samstag, dem 29. Januar 2000, auf den „Berliner Seiten“.

Kadewe, 6. Stock/ Januar 2000

Die Männer an der „Austernbar“,
die wissen, was sie wollen:
Einmal am Tag ist jeder Zar,
da darf der Rubel rollen.

Die Männer an der „Austernbar“,
die wissen, was sie essen:
Das Schild der Bar macht alles klar,
den Rest kann man vergessen.

Die Männer an der „Austernbar“,
die wissen, was sie trinken:
Wie wärmend, wenn im Januar
Sancerre und Chablis winken.

Wir Männer an der „Austernbar“
äh –

Die Männer an der „Austernbar“,
die wissen, was sie brauchen:
Droht deinem Leibeslicht Gefahr,
dann lass den Schornstein rauchen.

Steffen Jacobs

Wie „Was war, was wird“ wurde, was es ist

Die erste Zeile dieses Gedichtes verfolgte mich einige Zeit. Vorzugsweise nach Situationen von zweifelhaftem Erlebniswert artikulierte sich der innere Stoßseufzer: „Das war nun also dieses“. Irgendwann kam die zweite Zeile hinzu: „kein Teil des Paradieses“. Noch ein jambischer Dreiheber. Da ich ein Anhänger memorabler Gedichte bin, gesellte sich alsbald eine dritte Zeile bei: „Da solltest du mal was draus machen“.

Mag sein, daß es der nahende Jahreswechsel war, der mich schließlich an den Schreibtisch trieb. Möglich, daß mich eine Vielzahl von Retrospektiven zum ausklingenden Jahrtausend dazu verleitete, meinem Werk ein lebensgleichnishaftes Gepräge zu geben. Fest steht, daß sich beim Schreiben ein alter Spruch bewahrheitete, der da besagt, der erste Vers werde dem Dichter geschenkt, alle weiteren aber müsse er hart erarbeiten.

Gerade der scheinbar simple Paarreim erwies sich im Zusammenhang mit dem knappen Dreiheber, wie ihn mir die Anfangszeilen diktierten, als problematisch. Gut geeignet für markante Merkverse, gebärdete sich das Schema im erzählenden Zusammenhang von „Was war, was wird“ störrisch. So kam es, daß erst der Morgen des anbrechenden Jahrtausends die Vollendung des Gedichtes sah. Das war nun also dieses.

Was war, was wird

Das war nun also dieses:
kein Teil des Paradieses,
auch nichts vom halbwegs Guten.
Wir mußten ganz schön bluten,
und reichlich Haare lassen.
Jetzt wollen wir uns fassen,
an unsern lichten Schöpfen,
und zwei, drei Flaschen köpfen.
Dann ziehn wir, Stumpf um Stumpf,
heraus aus diesem Sumpf:
nämlich uns.

Gleich wird es merklich wärmer:
Seht her, man zündet Schwärmer
für uns, die sieghaft Harten.
Voran, da liegt ein Garten,
mit Rosen und Reseden,
mit Obst und Wein für jeden,
und Fraun mit bloßen Füßen,
die wollen uns begrüßen
und Gastgeschenke geben.
So ist das Leben eben:
nämlich unstet.

Doch sind das wirklich Frauen,
die derart finster schauen?
Sie tragen Bärte, Hosen,
und reiten auf den Rosen.
Doch gibt es wirklich Blumen
von solcherart Volumen,
daß drauf zwei Männer sitzen
und zehn bis zwölf Haubitzen
daneben liegen können?
Wie, wenn sie Raum gewönnen:
nämlich stetig.

Gott ja, sie kommen näher!
Je näher, desto jäher
durchschneiden ihre Schreie
die stark geschwächte Reihe
der unsern. Jetzt wird's dringend.
Geschwind, wir ziehen singend
durch jenes hohe Tor.
Geschafft! Wir stehn davor.
Der Feind kreischt noch was Mieses.
Das war nun also dieses:
nämlich knapp.

F.W. BERNSTEIN

Licht in Sicht!

Ein Endreim fast:
So still; es war
am ersten Januar frühmorgens.
Und schon Beton.
Querüber legt Frau Autobahn
Ihr graues Band. Ganz knapp davor
Mit Ampel, Straßenschild und Pfeil
der Mast.
Und zwar folgendermaßen:
Augenhoch steht er; Höher? Zwei Meter?
Dann Rechteck mit den Ampeln.
Grünmännchen glüht. Soll sein! Mein Blick
Liest höher am Mast ALBRECHT und LYCK.
Noch höher, in einer Scheibe aus Blau
ein Pfeil weist hoch übers Morgengrau.
Freund Mast biegt ab.
Wird zierlich sich über die Straße neigen
und tut ihr sein leuchtendes Ende zeigen –
mehr nicht.

Oskar Pastior

Die Entstehung der Schichten in diesem Gebilde (ihr Geschiebe und Geschichte) ist – nachträglich betrachtet – ziemlich vordergründig von der erklärten Absicht der Herausgeber angekurbelt worden, „erste im Jahr 2000 verfaßte Gedichte" zu sammeln. Und gleich auch – hoppla – von der Wahrheitsfrage: Wie könnte, müßte, sollte ein solcher Zeitpunkt der Entstehung im Gedichttext selber, also sprachlich, drinsein können? Fälschungssicher? Carbontesttauglich? Wo ja selbst die Autorschaft in Sprachsachen immerzu nur auf bereitwilligen Annahmen herumsurft. Auch Datierung des Papiers oder ein Poststempel helfen da wenig. Denn Sie müssen es mir – poesiefern und poesieabträglich – einfach glauben. Daß mein Name dafür bürgen könnte, daß das Datum stimmt.
Zeitlich am ehesten fixierbar auf die letzten Bildschirmmonate von 1999 scheint mir in Zeile 3 das „Ich bin drin!"-Zitat; obwohl das auch der Graf von Monte Christo in weiser Vorwegnahme hätte sagen können. Die Strophe „war einmal in / amerika / ich auch" nimmt in abgeänderter Form mein Gedicht „volta" von 1986 wieder auf, wo das Arkadien im „auch" durchgehaucht wurde. Die Stelle mit „lausanne" steht für die unmittelbare Zukunft, weil ich dort, in L., schon am 3. Februar 2000 lesen soll. Die ganze Zeile ist allerdings gründlich geändert: ursprünglich war die Rede von der „laus an der garagentür des abendlandes". In Zeile 13 weisen „die in lerna" auf die abgeschlagenen Köpfe des Ungeheuers von Lerna hin (der „Lernäischen Hydra"), die immer wieder nachwachsen – sie beweisen, daß das Gedicht nicht v o r der griechischen Mythologie geschrieben wurde. Die Gestalt, auf die der Schluß phonetisch anspielt („... geht, und niemals kehrt sie wieder") bleibe ich Ihnen schuldig. Der Titel des ganzen, „flunder in tundra", hat mit Tristan und Zarah Leander zu tun.

flunder in tundra

und erst das
und nun dies

behauptet ich sei drin

ein schub im busch
aus der gamasche
von lameng

war einmal in
amerika
ich auch

(lausanne/garage/aventure)

und sagt
ich lerne nie
wie die in lerna nachzuwachsen

ach boa geht
und noa merci flieder

1. Januar 2000

Matthias Politycki

Kostprobe

Mann, das neue Jahrtausend ist hart!
Wie wär's mit 'nem bißchen Gedicht?
Nö, nich' so 'nem seichten Gesäusel,
'nem süß parfümierten Gefurze,
kastrierten Gehopse um all
die Pißflecken in dieser Welt
: weil man den eignen Strahl nicht mehr
  geradeaus strikt halten kann –

auf daß du zusammenschrumpeln willst beim Lesen,
auf daß dir die Pickel platzen woll'n vor Scham
und du dir schwörst: Nie wieder Lyrik, nie!
Dann lieber gleich zum Onkel Doktor und
, schlubb,
'nen Finger in 'n Arsch –

Ja, das neue Jahrtausend ist hart!
Wie wär's mit 'nem bißchen Gedicht?

Matthias Koeppel

Inspirationsquellen:

1. Jahrtausendwende
2. Kölner Karnevalsschlager: Drei mal Null ist Null, ist Null
3. Zeitungsbericht, daß Strapse wieder in Mode kommen und z. Z. sehr „in" sind
4. Neue (Duden-)Rechtschreibregelung, daß Verdreifachung von Konsonanten möglich ist

Mülleinnnijomm

Trei marl Nüll üsst Nüll üsst Nolll;
garnz örautüsch üsst diss woll!
Wann di Nollln zrr Zwui hünnkummen,
pfeihurn wür Mülleinnnijummen.
Auchch oin Schtrauppz omm Buin drr Vaibpzn,
prüngkt örautüschis Erleibpzn.
Kimmnt öss zmm Geschlauchtzvarköhr,
mörckstde vunn dmm Schtrauppz nüxx mööhr.

Hott'z Mülleinnnijomm pegunnen,
mörrckstde auchch nüxx mööhr darvunnen.

Kiev Stingl

An diesem letzten Abend des Jahrhunderts, da er auf dem Sofa saß oder im Zimmer des Pfingstangers auf und ab ging, oder später mit ihr gegen halb zwölf einen Hügel Göttingens erklomm, sagte er immer wieder: ach, Uta, es stirbt, mein Jahrhundert, sieh, wie es daliegt und stirbt. Dies wiederholte er immer wieder. Doch als die Glocken der Kirchen im Sturmgeläut das neue Jahr verkündeten und die Feuerwerkskörper den Himmel anbellten, sagte er zu ihr: mein Jahrhundert ist tot. Und es fühlte sich an, als legte sich ein Strick um seinen Hals ...

strick um den hals

(etwas früher)

jubilieren in äußerster einsamkeit
des jetzt, überfließend von erinnerungen,
darin die gewißheit eines sozusagen
steinernen besitzes, der bis ans jahrtau-
sendende das gewicht meiner triumphe be-
wachte:

in wohlstand gedichte kritzeln ist wie
todesmärsche in die gaskammern unterschreiben.

was rettet mich beim fliehen aus meinem
wesen, dem streite ist und lauter ver-
wesung? daß ich den schweren menschenbrei
zu geist gehaun in irgendeinen marmorbau

schleppe? starrt aus diesem geschlecht mich
viehische süße an, die versuchung
schlechthin?

auf den sitzplätzen meiner hölle
gilt lautes gähnen als himmlisches talent.
man ist dort hypernervös. nur jünglinge
mit schönster verachtung fürs weltwollen
flanieren dort, jeder für sich sein eigenes
buch aufsagend, seinen göttlichen haar-
schnitt balsamierend, seine jeweilige fickerin
schlachtend. gegessen wird, aus bosheit, so
gut wie gar nicht, nur geraucht wird viel:
virginiatabaks, jamaikanisches wheed,
libanese, maroc, afghane. man trinkt tee.
aus lauter lasterhaftigkeit ungezuckert.

(etwas später)

bei einbruch der dämmerung, da die prälu-
dien der nahenden nacht anheben und die trommeln
der schwäne das schilf schleifen, hebe ich den
kopf gen himmel, nehme meine sonnenbrille
ab und vergrabe mein haschisch, das die größe
und schönheit eines unbeschlagenen grabsteins
hat. für eine kleine ewigkeit bin ich in die
ankunft der seidenpapiere geraten, die
eine himmlische hand umblättert bis zur letzten
seite in schwarz, während die lichtma-
schine stadt sich der dunkelzonen bemächtigt
und in ihnen nihilistisches gepränge entfacht.

jenseits der glitzernden empfindung
strande ich in ödnis. das erkannte ich mit
elf. so war das berufslose mein los, wollte
ich nicht sterben an irgendeiner beliebigen ab-
straktion, die das gemeinwohl aus prinzip
fordert.

nach dem schwanz ist die sprache mein wichtigster
körperteil, sagt meine zunge. überhaupt sind in
der anatomie der lust die metaphysischen
tricks dosenöffner. des fleisches.

die blätter ziehen sich ihre dunklen anzüge
an und verschwinden mit der anmut reisender diebe
in ihre fernen soirées. nur auf der flucht ist
das herz des diebs offen: es stellt sich dem
himmel.

(danach)

– manchmal spüre ich meinen gerechtigkeitstrieb,
sagte er, – du auch? – nein, ich nicht. triebe
kennen keine gerechtigkeit. – ach, daher die untreue?
– ja, untreue
ist treue zum trieb. – ist treue höher als
gerechtigkeit oder schließen sie sich gar aus?
– gerechtigkeit scheint mir das höchste, weil
für den menschen unerreichbar.
– aha.

Bastian Böttcher

Die Nummer ist nach den Reise-Ereignissen und Touren 1999 in Brasilien, USA, Norwegen, der Schweiz und Oesterreich sowie nach meinem Organisieren der Poetry-Slam-Nation-1999 entstanden. – Ich fahr DB wie andere Leute S-Bahn. – sdas Netz von ueberall aus. – Das Gedicht ist auf dem Hausdach meines Freundes in Berlin-Mitte am Ersten-Ersten-Dreifach-Null ca. ein Uhr a.m. magnetisch abgespeichert worden.

Teilchenbeschleuniger

Leben wir in nem andann Rhythmus!
Tag und Nacht Andas getaktet,
– Zur Zeit Diagonal.
N Tag kann n Jah sein, –
N jah ja auch n tag.
– Je nach dem.
Keine zwei ZeitZonen,
Weil weltweit die gleiche.
Da 's nix mit Jetlegs.
Dies ist ein Blindtext.
Jeder Content ondemand omnipräsent,
Aber ga nich da.
Wir lassen uns was kommen, wenn wir 's brauchen.
Machen kram klar,
Ziehn dinge durch.
– Und zwar direkt
Dauernd auf empfang
Ohne alle Einschaltzeiten.
24 / 7 / 31 / 12/
Sind Organize-Manage-Menschen
Imma verplant.
Da, der MobilFonVibrationsAlarm.

Nikolaus Dominik

Drei Zustände beschreiben eine sich entwickelnde Zeit. In den ersten beiden Verszeilen wird der Verlauf des Augenblicks akustisch eingeführt. Der Text beginnt ohne Anfang, ist mitten drin. Das Gejagt-Sein ist zu einem körperlichen Zustand geworden, der taumeln läßt. Das neue Jahrhundert hat keine 100 Tage Schonzeit. Schlagwörter assoziieren den zweiten Zustand, eine Zukunft, die schon begonnen hat: Aktien, als sich selbst genügende neue Sexualität, das Genlabor als die gloriose Weiterentwicklung des Gulags – der Triumphgesang der Klon-Engel erklingt erstaunlich vertraut. Der dritte Zustand: es wird weiter gekämpft. Der Atavismus „Kirche“ preist schon wieder und immer noch die Zerstörung als Glück. Das „Hosianna“ als Schlachtgesang und Todesruf, eine düstere Aussicht. Der Lyrismus ist symphonisch angelegt, wird von markanten akustischen Elementen getragen. So wie das noch junge Jahrhundert schon jetzt klingt.

2000

ein Lungen um uns spielt Asthma
und keucht und kotzt und kohlt

Holiker taumeln

Aktien hindern Sex
der Gulag glänzt als Genlabor

glückliche Klone choren

Hosianna

das Kirchen mehrt sich
überall talibanen Kämpfer Gottes
und glücken
Tod.

Franzobel

Genese: Zweiter Januar, ich liege mit, wie meine Frau es sagt, galoppierender Angina und verschriebenem Penicillin im Bett und deliriere. In den seltenen Wachphasen, in denen es mir gelingt, einzelne Sprachbilder schmerzfrei zu halten, entstehen Texte zum gerade in Arbeit befindlichen Odysseus-Zyklus. Sie werden richtiggehend ausgeschwitzt, jegliches Lesen schmerzt, an Korrektur ist nicht zu denken, das sind meine ersten Gedichte im Jahre 2000. Das allererste siehe unten.

Vergelts Gott

Mitleid, mein Arsch Monsignore,
kenne ich nicht, nur schandgelbe Hure
mit Klümpchen im Hintern, Hageldorn
und Konsonanten, darum reißt
eure Dübel aus den Wänden und
werft sie den Fischen, dreht Füße
und Füße übereinander und Hände,
dreht Hände übereinander, daß
in der Höhe verrecke, jedes
Geschichtslumpi Melanthios, der
Verräter, Vergeltung kenne ich
keine, nur grausige Fesseln,
Folter und Rache beim Wischen
meines Arsches mit deinen abgeschnittenen
Ohren, während ich ausscheiße
deinen gebratenen Embryo-Sohn.
Gott vergelts.

ROBERT SCHINDEL

Über deduktive Liebe 2 (Im Äußeren)

Im Äußeren im Geöffneten
Daweil die Münder sich aufeinander legen
Tauchen die Selbstgestirne ab
Verlieren sich im Allerschrägsten

Der Blickwinkulatur. Etwelches Geräusper
Daweil ineinand die Münder zum Äußersten
Was austrinken, was einheilen mögen
Schnellt empor eine sich selbst gewisse
Andauernd sich erkennende Gemeinheit

Nach Abschluss der Küsserei nehmen
Wir Rücken an Rücken Haltung an
Und schreiten hernach genicksteif aber
Kniebefedert dem jeweiligen Horizont zu.

Die Autoren und ihre Gedichte (in alphabetischer Ordnung)

Die Autorinnen und Autoren

Andreas Altmann *1963 in Hainichen/Sachsen, lebt in Berlin; Lyrik; Wolfgang-Weyrauch-Förderpreis beim Wettbewerb um den Leonce-und-Lena-Preis (1997), Christine-Lavant-Lyrikpreis (1997); Lyrikbände *die dörfer am ufer das meer* (1996), *wortebilden* (1997).

Jürgen Becker *1932 in Köln, lebt in Köln und Odenthal; Lyrik, Prosa, Hörspiel, Essay; viele Auszeichnungen, u. a. Bremer Literaturpreis (1987), Peter-Huchel-Preis (1994), Heinrich-Böll-Preis (1995); zahlreiche Lyrikbände, zuletzt *Foxtrott im Erfurter Stadion* (1993), *Die Gedichte* (1996), *Korrespondenzen mit Landschaft* mit Bildern von Rango Bohne (1996).

Ulrich Johannes Beil *1957 in München, lebt in São Paulo/Brasilien; Lyrik, Prosa, Essay, Kritik; mehrere Lyrikbände, zuletzt *Dieser Tag geht* (1985), *Aufgelassene Archive* (1998); seit 1996 Chefredakteur und Korrespondent der Zeitschrift *Das Gedicht*.

F. W. Bernstein (Pseudonym für Fritz Weigle) *1938 in Göppingen, lebt in Berlin; Lyrik, Prosa, Herausgabe, Zeichnungen; literarische Zusammenarbeit mit Robert Gernhardt und F. K. Waechter; mehrere Lyrikbände, zuletzt *Lockruf der Liebe* (1988), *Reimweh* (1994, enthält auch Prosa), *Der Dinggang* (1994).

Bastian Böttcher *1974 in Bremen, lebt in Weimar; Lyrik, Auftritte als Rapper und bei Poetry Slams; Sieger beim 3. Internationalen Poetry Slam in Amsterdam (1997), Champion des National Slam in Berlin (1997), Pegasus-Sonderpreis (1998); Webmaster für die deutsche Poetry-Slam-Szene (www.kulturszene.de/slam); *Poesiealbum*, Rap-Poetry-CD (1996).

Erika Burkart (Pseudonym für Erika Halter) *1922 in Aarau, lebt in Althäusern b. Muri/Schweiz; Lyrik, Prosa; viele Auszeichnungen, u. a. Johann-Peter-Hebel-Preis (1978), Mozart-Preis der FvS-Stiftung Hamburg (1990), Gottfried-Keller-Preis (1992); zahlreiche Lyrikbände, zuletzt *Schweigeminute* (1988), *Die Zärtlichkeit der Schatten* (1991), *Stille fernster Rückruf* (1997).

Franz Josef Czernin *1952 in Wien, lebt in Rettenegg/Steiermark; Lyrik, Prosa, Drama, Essay, Übersetzung; etliche Auszeichnungen, u. a. Stadtschreiber von Graz (1993), Preis der Stadt Wien (1997), Heimito-von-Doderer-Preis (Sonderpreis, 1998); mehrere Lyrikbände, zuletzt *Terzinen* (1994), *Natur-Gedichte* (1996), *William Shakespeare - Sonnets*, Übersetzungen (1999).

Hugo Dittberner *1944 in Gieboldehausen, lebt in Kalefeld/Niedersachsen; Lyrik, Prosa, Drehbuch, Essay, Herausgabe; etliche Auszeichnungen, u. a. Niedersachsen-Preis (1984) und Berliner Literaturpreis (1994); mehrere Lyrikbände, zuletzt *Die Wörter, der Wind* (1988), *Das letzte fliegende Weiß* (1994), *Wasser, Elegien* (1997).

Nikolaus Dominik *1951 in Amberg/Oberpfalz, lebt in München; Lyrik, Kritik; mehrere Lyrikbände, zuletzt *Misogene Wennheiten* (1994), *Dominik's Virginale Schächtungen* (1996).

Ulrike Draesner *1962 in München, lebt in Berlin; Lyrik, Prosa, Herausgabe; Stipendium der Landeshauptstadt München (1994), Wolfgang-Weyrauch-Förderpreis beim Wettbewerb um den Leonce-und-Lena-Preis (1995), Förderpreis des Freistaates Bayern (1997); Lyrikbände *gedächtnisschleifen* (1995), *Anis-O-Trop* – Sonette (1997).

Kurt Drawert *1956 in Hennigsdorf/Brandenburg, lebt in Darmstadt; Prosa, Lyrik, Drama, Hörspiel, Essay; zahlreiche Auszeichnungen, u. a. Leonce-und-Lena-Preis (1989), Ingeborg-Bachmann-Preis (1993), Uwe-Johnson-Preis (1994); mehrere Lyrikbände, zuletzt *Privateigentum* (1989), *Innenmuster* (1994), *Wo es war* (1996).

Hans Eichhorn *1956 in Vöcklabruck/Oberösterreich, lebt in Attersee/Oberösterreich; Lyrik, Prosa, Hörspiel, Drama; Autorenförderung der Stiftung Niedersachsen (1994), Österreichisches Projektstipendium für Literatur (1998/99); Lyrikbände *Das Zimmer als voller Bauch* (1993), *Petruskomplex* (1998).

Erwin Einzinger *1953 in Kirchdorf/Oberösterreich, lebt in Micheldorf/Oberösterreich; Lyrik, Prosa, Übersetzung; etliche Auszeichnungen, u. a. Rauriser Literaturpreis (1984), Österreichisches Staatsstipendium für Literatur (1984), Manuskripte-Preis (1994); mehrere Lyrikbände, zuletzt *Tiere, Wolken, Rache* (1986), *Kleiner Wink in die Richtung, in die jetzt auch das Messer zeigt* (1994).

Peter Engel *1940 in Eutin, lebt in Hamburg; Lyrik, Kurzprosa, Essay, Kritik, Herausgabe; mehrere Lyrikbände, zuletzt *Einige von uns* (1980), *Statt eines Briefs* (1986).

Gerhard Falkner *1951 in Schwabach, lebt in Weigendorf; Lyrik, Prosa, Drama, Essay, Herausgabe; etliche Auszeichnungen, u. a. Stipendium des LCB (1984), Stipendien des Deutschen Literaturfonds (1986, 1998); mehrere Lyrikbände, zuletzt *der atem unter erde* (1984), *wemut* (1989), *Xte Person Einzahl* (1996).

Franzobel (Pseudonym für Stefan Griebl) *1967 in Vöcklabruck/Oberösterreich, lebt in Wien; Lyrik, Prosa, Drama, Essay, Herausgabe; zahlreiche

Auszeichnungen, u. a. Ingeborg-Bachmann-Preis (1995), Österreichisches Staatsstipendium für Literatur (1996), Kasseler Literaturpreis für grotesken Humor (1998); Lyrikbände *Elle und Speiche* (1994, enthält auch Prosa), *Thesaurus. Ein Gleiches* (1995), *Mit ana aondas schwoazn Tintn* – Dialektgedichte & Zeichnungen (1999).

Walter Helmut Fritz *1929 in Karlsruhe, lebt dort; Lyrik, Prosa, Hörspiel, Essay, Herausgabe, Übersetzung; viele Auszeichnungen, u. a. Georg-Trakl-Preis (1992), Oberrheinischer Kulturpreis (1994), Großer Literaturpreis der Bayerischen Akademie der Schönen Künste (1995); zahlreiche Lyrikbände, zuletzt *Gesammelte Gedichte 1979-1994* (1994), *Pulsschlag* (1996), *Das offene Fenster* (1997).

Robert Gernhardt *1937 in Reval/Estland, lebt in Frankfurt/Main; Lyrik, Prosa, Hörspiel, Essay, Kritik, Herausgabe, Zeichnungen; literarische Zusammenarbeit mit F. W. Bernstein und F. K. Waechter; mehrere Auszeichnungen, u. a. Kasseler Literaturpreis für grotesken Humor (1991), Richard-Schönfeld-Preis für literarische Satire (1996), Bertolt-Brecht-Preis (1998); zahlreiche Lyrikbände, zuletzt *Lichte Gedichte* (1997), *Herz in Not* (1998), *Gedichte 1954-1997* (2000).

Dieter M. Gräf *1960 in Ludwigshafen, lebt in Köln; Lyrik, Essay, Heraus-gabe; etliche Auszeichnungen, u. a. Förderpreis des Landes Nordrhein-Westfalen (1994), Joseph-Breitbach-Preis (1996), Leonce-und-Lena-Preis (1997); mehrere Lyrikbände, zuletzt *Rauschstudie: Vater + Sohn* (1994), *Treibender Kopf* (1997), *Tussirecherche* mit Illustrationen von Margret Eicher (2000).

Durs Grünbein *1962 in Dresden, lebt in Berlin; Lyrik, Essay; zahlreiche Auszeichnungen, u. a. Petrarca-Preis/Nicolas-Born-Preis (1993), Georg-Büchner-Preis (1995), Peter-Huchel-Preis (1995); mehrere Lyrikbände, zuletzt *Falten und Fallen* (1994), *Den Teuren Toten* (1994), *Nach den Satiren* (1999).

Ulla Hahn *1945 in Brachthausen/Sauerland, lebt in Hamburg; Lyrik, Prosa, Essay, Herausgabe; etliche Auszeichnungen, u. a. Friedrich-Hölderlin-Preis (1985), Roswitha-Gedenkmedaille (1986), Stadtschreiberin von Bergen (1987); mehrere Lyrikbände, zuletzt *Liebesgedichte* (1993), *Epikurs Garten* (1995), *Galileo und zwei Frauen* (1997).

Manfred Peter Hein *1931 in Darkehmen/Ostpreußen, lebt in Espoo/Finnland; Lyrik, Prosa, Hörspiel, Essay, Herausgabe, Übersetzung; mehrere Auszeichnungen, u. a. Prämie zum Finnischen Staatspreis für Literatur (1974), Peter-Huchel-Preis (1984), Horst-Bienek-Förderpreis (1992); zahlreiche Lyrikbände, zuletzt *Ausgewählte Gedichte 1956-86* (1993), *Über die dunkle Fläche* (1994), *Spiegelkehre* (1995).

Kerstin Hensel *1961 in Karl-Marx-Stadt (Chemnitz), lebt in Berlin; Lyrik, Prosa, Drama, Hörspiel, Herausgabe; etliche Auszeichnungen, u. a. Anna-Seghers-Preis (1989), Leonce-und-Lena-Preis (1991), Autorenstipendium der Stiftung Preussische Seehandlung (1996); mehrere Lyrikbände, zuletzt *Kahlkuß* (1993), *Augenpfad* (1995, enthält auch Prosa), *Freistoß* (1995).
Franz Hodjak *1944 in Hermannstadt/Rumänien, lebt in Usingen; Lyrik, Prosa, Essay, Übersetzung; viele Auszeichnungen, u. a. Förderpreis zum Hans-Erich-Nossack-Preis (1991), Nikolaus-Lenau-Preis (1996), Heinrich-Heine-Stipendium (1997); zahlreiche Lyrikbände, zuletzt *Siebenbürgische Sprechübung* (1990), *Landverlust* (1993), *Ankunft Konjunktiv* (1997).
Felix Philipp Ingold *1942 in Basel, lebt in Zürich und Romainmôtier; Lyrik, Prosa, Essay, Herausgabe, Übersetzung; Petrarca-Übersetzer-Preis (1989); zahlreiche Lyrikbände, zuletzt *Restnatur* (1994), *Zeichensatz* mit Illustrationen von Ann Lehmann (1997), *Nach der Stimme* (1998).
Steffen Jacobs *1968 in Düsseldorf, lebt in Berlin; Lyrik, Literatur- und Filmkritik; veröffentlichte als Lyrik-Doktor Jakob Stephan *Lyrische Visite oder Das nächste Gedicht bitte* – Vom Zustand unserer Dichtkunst (2000); Lyrikbände *Der Alltag des Abenteurers* (1996), *Geschulte Monade* (1997).
Matthias Koeppel *1937 in Hamburg, lebt in Berlin; Lyrik, Bildende Kunst; Lyrikbände *Starckdeutsch* (1983), *Starckdeutsch. Oine Orrswuuhl dörr schtahurcköstn Gedeuchten* (1985), *Koeppels Tierleben in Starckdeutsch* (1991).
Anise Koltz *1928 in Luxemburg, lebt dort; Lyrik, Prosa, Übersetzung; zahlreiche Auszeichnungen, u. a. Blaise-Cendrars-Preis (1992), Grand prix de littérature hors de France (1994), Prix Apollinaire (1998); mehrere Lyrikbände, zuletzt *Sich der Stille hingeben* (frz.-dt. 1983), *Souffles sculptés* (1988), *Chants de Refus I und II* (1993, 1995).
Jan Koneffke *1960 in Darmstadt, lebt in Rom; Lyrik, Prosa; mehrere Auszeichnungen, u. a. Leonce-und-Lena-Preis (1987), Alfred-Döblin-Stipendium (1990), Förderpreis zum Friedrich-Hölderlin-Preis (1990); Lyrikbände *Gelbes Dienstrad wie es hoch durch die Luft schoß* (1989), *Halt! Paradiesischer Sektor!* (1995).
Johannes Kühn *1934 in Tholey/Bergweiler, lebt in Lebach; Lyrik, Prosa, Drama; etliche Auszeichnungen, u. a. Horst-Bienek-Preis (1995), Stefan-Andres-Preis (1998), Hermann-Lenz-Preis (2000); mehrere Lyrikbände, zuletzt *Lerchenaufstieg* (1996), *Wasser genügt nicht* (1997), *Hab ein Auge mit mir* mit Photographien von Wolfgang Wiesen (1999).

Günter Kunert *1929 in Berlin, lebt in Kaisborstel; Lyrik, Prosa, Hörspiel, Essay, Herausgabe; viele Auszeichnungen, u. a. Heinrich-Heine-Preis (1985), Friedrich-Hölderlin-Preis (1991), Georg-Trakl-Preis (1997); zahlreiche Lyrikbände, zuletzt *Fremd daheim* (1990), *Mein Golem* (1996), *Nachtvorstellung* (1999).
Kurt Marti *1921 in Bern, lebt dort; Lyrik, Prosa, Essay, Herausgabe; mehrere Auszeichnungen, u. a. Johann-Peter-Hebel-Preis (1972), Großer Literaturpreis des Kantons Bern (1972), Kurt-Tucholsky-Preis (1997); zahlreiche Lyrikbände, zuletzt *Da geht Dasein* (1993), *Wen meint der Mann?* (1998, enthält auch Prosa; Auswahl und Nachwort Elsbeth Pulver), *Kleine Zeitrevue* – Erzählgedichte (1999).
Friederike Mayröcker *1924 in Wien, lebt dort; Lyrik, Prosa, Drama, Hörspiel, Übersetzung; viele Auszeichnungen, u. a. Friedrich-Hölderlin-Preis (1993), Else-Lasker-Schüler-Preis (1996), America Awards Prize (1997); zahlreiche Lyrikbände, zuletzt *Notizen auf einem Kamel* (1996), *Benachbarte Metalle* – Ausgewählte Gedichte, herausgegeben von Thomas Kling (1998), *Blättersitten* mit Photographien von Manfred Gruber (1999).
Friedrich Mülder *1932 in Gildehaus/Grafschaft Bentheim, lebt in Kiel; Lyrik, Prosa, Biographie, Kritik; mehrere Lyrikbände, zuletzt *Wo liegt Sigma Bruch* (1983), *Versprechungen der Morgensonne* (1989), *In jüngster Zeit* mit Illustrationen von Carl Lambertz (1995).
Jürgen Nendza *1957 in Essen, lebt in Aachen und Vaals/Niederlande; Lyrik, Prosa, Hörspiel, Feature, Herausgabe; mehrere Auszeichnungen, u. a. Literaturstipendien des Landes Nordrhein-Westfalen (1993, 1998), Lyrikpreis Meran (1998); mehrere Lyrikbände, zuletzt *Finistére* (dt.-frz., 1993), *Landschaft mit Freizeichen* mit Illustrationen von Rainer Nachtwey, (1996), *Und am Satzende das Weiß* (1999).
Gerhard Neumann *1928 in Rostock, lebt in Hamburg; Lyrik, Prosa, Essay; etliche Auszeichnungen, u. a. Villa-Massimo-Stipendium (1959), Ehrengabe der Bayerischen Akademie der Schönen Künste (1997), Belveduto-Stipendium/Passignano (1998); mehrere Lyrikbände, zuletzt *Mögliches Gelände* (1991), *Angriff der Möven* (1994), *Unter Ziegelbränden* (1997).
Oskar Pastior *1927 in Hermannstadt/Rumänien, lebt in Berlin; Lyrik, Hörspiel, Essay, Übersetzung; viele Auszeichnungen, u. a. Hugo-Ball-Preis (1990), Horst-Bienek-Preis (1997), Hasenclever-Preis (2000); zahlreiche Lyrikbände, zuletzt *Eine kleine Kunstmaschine*, 34 Sestinen (1994), *Gimpelschneise in die Winterreisetexte von Wilhelm Müller* (1997), *Das Hören des Genitivs* (1997).

Matthias Politycki *1955 in Karlsruhe, lebt in Hamburg und München; Lyrik, Prosa, Libretto, Essay, Herausgabe; Civitas-Literaturpreis (1987), Förderpreis des Freistaates Bayern (1988), Stipendium des Stuttgarter Schriftstellerhauses (1991); Lyrikbände *Im Schatten der Schrift hier* (1988), *Jenseits von Wurst und Käse* (1995).

Ilma Rakusa *1946 in Rimavsk'a Sobota / Slowakei, lebt in Zürich; Lyrik, Prosa, Essay, Herausgabe, Übersetzung; Petrarca-Übersetzer-Preis (1991), Leipziger Buchpreis (Anerkennungspreis, 1998), Schillerpreis der Zürcher Kantonalbank (1998); Lyrikbände *Wie Winter* (1977), *Les mots/morts* (1992), *Ein Strich durch alles* – Neunzig Neunzeiler (1997).

Lutz Rathenow *1952 in Jena, lebt in Berlin; Lyrik, Prosa, Drama, Hörspiel, Essay, Herausgabe; etliche Auszeichnungen, u. a. Autorenstipendium der Stiftung Preussische Seehandlung (1989), Förderpreis zum Marburger Literaturpreis (1990), Konrad-Adenauer-Preis für Literatur (1996); zahlreiche Lyrikbände, zuletzt *Wettlauf mit dem Licht* (1999), *Sterben will gelernt sein* – Lyrische Prosa. Prosaische Lyrik (2000), *Der Himmel ist heut blau.* Gedichte und Geschichten für Kinder (2000).

Anna Real *1949 in Jettingen, lebt in Essen; mehrere Lyrikveröffentlichungen, Debüt in der Zeitschrift *Das Gedicht* (1999 / 2000).

Gerhard Rühm *1930 in Wien, lebt in Köln; Lyrik, Prosa, Theaterstücke, Hörspiel, Herausgabe, Übersetzung; etliche Auszeichnungen, u. a. Hörspielpreis der Kriegsblinden (1983), Großer Österreichischer Staatspreis für Literatur (1991), Grillparzer-Preis (1993); mehrere Lyrikbände, zuletzt *Sämtliche Wiener Dialektdichtungen* (1993), *Visuelle Poesie* – Arbeiten aus vier Jahrzehnten (1996), *lesebilder/bildgedichte* (1997).

Joachim Sartorius *1946 in Fürth, lebt in München; Lyrik, Essay, Herausgabe (u. a. *Atlas der neuen Poesie*, 1995), Übersetzung; Paul-Scheerbart-Preis für Lyrik-Übersetzungen (1998); mehrere Lyrikbände, zuletzt *Der Tisch wird kalt* (1992), *Was im Turm begann* (1995), *Keiner gefriert anders* (1996).

Hansjörg Schertenleib *1957 in Zürich, lebt in Copany Co Donegal / Irland; Lyrik, Prosa, Hörspiel; mehrere Auszeichnungen, u. a. Förderpreis des Leonce-und-Lena-Preises (1985), Förderpreis des Christine-Lavant-Lyrikpreises (1995), Literaturpreis Kranich mit dem Stein (1995); Lyrikbände *Der stumme Gast* (1989), *November. Rost* (1998).

Robert Schindel *1944 in Bad Hall bei Linz, lebt in Wien; Lyrik, Prosa, Fernsehspiel, Hörspiel; etliche Auszeichnungen, u. a. Förderpreis zum Österreichischen Literaturpreis (1992), Erich-Fried-Preis (1993), Robert-Musil-Stipendien (1996-99); mehrere Lyrikbände, zuletzt *Im Herzen die Krätze* (1988), *Ein Feuerchen im Hintennach* (1992), *Immernie* – Gedichte vom Moos der Neunzigerhöhlen (2000).

Ferdinand Schmatz *1953 in Korneuburg, lebt in Wien; Lyrik, Essay, Herausgabe; Österreichisches Projektstipendium für Literatur (1998/99), Christine-Lavant-Lyrikpreis (1999); mehrere Lyrikbände, zuletzt *speise gedichte* (1992), *dschungel allfach* (1996), *das grosse babel,n* (1999).

Kathrin Schmidt *1958 in Gotha, lebt in Berlin; Lyrik, Prosa; mehrere Auszeichnungen, u. a. Anna-Seghers-Preis (1988), Leonce-und-Lena-Preis (1993), Heimito-von-Doderer-Förderpreis (1998); Lyrikbände *Poesiealbum 179* (1982), *Ein Engel fliegt über die Tapetenfabrik* (1987), *Flußbild mit Engel* (1995).

Silke Andrea Schuemmer *1973 in Aachen, lebt dort; Lyrik, Prosa; mehrere Auszeichnungen, u. a. Arbeitsstipendium des Landes Nordrhein-Westfalen (1995), Christine-Lavant-Förderpreis für Lyrik (1997), Georg-Christoph-Lichtenberg-Preis für Literatur (1999); Lyrikband *Triptychon oder Salzig schmeckt der Algenstrang* (1996).

Lutz Seiler *1963 in Culmitzsch/Thüringen, lebt in Wilhelmshorst; Lyrik, Prosa, Essay, Übersetzung; Stipendium des Deutschen Literaturfonds (1996), Kranichsteiner Literaturpreis (1999); Lyrikbände *berührt/geführt* (1995), *pech & blende* (2000).

Kiev Stingl *1943 in Aussig, lebt in Berlin; Lyrik; Arbeitsstipendium für Berliner Schriftsteller (1992); Lyrikbände *Flacker in der Pfote* (1982), *Sink, Skin* (1995).

Raphael Urweider *1974 in Bern, lebt dort; Lyrik, Rap- und HipHop-Projekte; Leonce-und-Lena-Preis (1999); Lyrikband *Lichter in Menlo Park* (2000).

Anja Utler *1973 in Schwandorf, lebt in Regensburg; Lyrik, Debüt in der Zeitschrift *Das Gedicht* (1998); Lyrikband *Aufsagen* (1999).

Paul Wühr *1927 in München, lebt in Passignano sul Trasimento/Italien; Lyrik, Prosa, Hörspiel, Essay; eltiche Auszeichnungen, u. a. Bremer Literaturpreis (1984), Petrarca-Preis (1990), Großer Literaturpreis der Bayerischen Akademie der Schönen Künste (1997); mehrere Lyrikbände, zuletzt *Ob* (1991), *Salve Res Publica Poetica* (1997), *Venus im Pudel* (2000).

Die Herausgeber

Axel Kutsch *1945 in Bad Salzungen/Thüringen, lebt in Bergheim/Erft; Lyrik, Kurzprosa, Kritik; Herausgeber zahlreicher Anthologien; Redakteur der Zeitschrift *Das Gedicht*; mehrere Lyrikbände, zuletzt *Zerbissenes Lied* (1994), *Einsturzgefahr* (1997), *Wortbruch* mit Illustrationen von Franz Peters (1999).

Anton G. Leitner *1961 in München, lebt in Weßling bei München; Lyrik, Prosa, Essay, Kritik; etliche Auszeichnungen, u. a. Kulturpreis AusLese der Stiftung Lesen (1996), V.-O.-Stomps-Preis (1997), Europäischer Kogge-Förderpreis (1999); Herausgeber der Zeitschrift *Das Gedicht* und von Anthologien; mehrere Lyrikbände, zuletzt *Schreite fort, Schritt* (1986), *Kleine Welt Runde* (1994), *Bild Schirm schneit, roter Stich* mit Photographien von Carola Vogt und Peter Boerboom (1997).

~~80,-~~

€ 41,-